COR E ASCENSÃO PROFISSIONAL

NEGROS EM CARGOS DE COMANDO

Andréa Alcione de Souza

COR E ASCENSÃO PROFISSIONAL

NEGROS EM CARGOS DE COMANDO

MAZA edições

Capa:
Túlio Oliveira

Foto da autora:
Marcos Figueiredo/PUC MINAS

Revisão:
Elizete Monhoz Ribeiro

Diagramação:
Elizabeth Miranda

Souza, Andréa Alcione de.
S729c Cor e ascensão profissional: negros em cargos de comando / Andréa Alcione de Souza. – Belo Horizonte : Mazza Edições, 2014.

160 p.; 23 cm.

ISBN: 978-85-7160-645-6

Originalmente apresentada como Tese de Doutorado da autora, junto ao Programa de Pós-Graduação em Ciências Sociais, da Pontifícia Universidade Católica de Minas Gerais.

1. Negros – Identidade social. 3. Negros – Ascensão profissional. I. Título.

CDD: 305.8
CDU: 323.12

MAZZA EDIÇÕES LTDA.
Rua Bragança, 101 – Pompeia
30280-410 BELO HORIZONTE – MG
Telefax: (31) 3481-0591
edmazza@uai.com.br – www.mazzaedicoes.com.br

Impressão e acabamento: Yangraf Gráfica e Editora

Aos meus pais, Rubens e Amerita,
por tudo.

Existem várias formas de ser negro; várias formas de compreensão das relações raciais, tanto na vida das pessoas quanto na sociedade, assim como podem existir várias maneiras de resistir e sobreviver em uma sociedade racista. Mesmo que algumas dessas formas possam significar certo conformismo e individualismo, precisam ser compreendidas na dimensão da existência das pessoas e das formas como os negros foram e são vistos em nossa sociedade.

Patrícia Santana,
in "Professoras negras: trajetórias e travessias"

SUMÁRIO

PREFÁCIO

A publicação do Mapa da População Negra no Mercado de Trabalho, em fins da década de 1990, detalhou em números e correlações estatísticas um quadro de desigualdades vivenciado pela população negra a partir de sua inserção precária no mundo do trabalho em regiões metropolitanas do País. A pesquisa, resultado de um convênio firmado entre o Instituto Sindical Interamericano pela Igualdade Racial – INSPIR e o Departamento Intersindical de Estatística e Estudos Socioeconômicos – DIEESE, revelou que o mercado de trabalho brasileiro expressa "o resultado do processo histórico que conformou esta sociedade", onde persistem "situações discriminatórias sobre segmentos específicos da população, dentre os quais os negros têm lugar destacado, apesar das transformações ocorridas em direção a uma maior democratização social".

O quadro estrutural de persistentes desigualdades raciais no mercado de trabalho após um século da abolição oficial do trabalho escravo pode ser tomado como o contexto no qual emergem as indagações que deram origem a esse livro, inicialmente uma tese de doutorado defendida no Programa de Pós-Graduação em Ciências Sociais da Pontifícia Universidade Católica de Minas Gerais – PUC/MINAS.

"Cor e Ascensão Profissional – negros em cargos de comando" descreve e analisa histórias de vida de mulheres e homens negros, que em determinados momentos de suas trajetórias, profissional e de vida, buscaram desenvolver estratégias para escapar das heranças de um processo histórico de inserção subordinada no mundo do trabalho da população negra. As narrativas recolhidas com muita sensibilidade pela autora foram analisadas e interpretadas com o rigor teórico-conceitual compatível com a investigação acadêmica a que a autora se propôs nessa pesquisa.

Na qualidade de professor universitário, que se inseriu precocemente no mercado de trabalho para contribuir para o sustento da família, ao realizar a leitura da pesquisa da Professora Andréa Alcione, tive a impressão de ter participado da pesquisa como um dos sujeitos entrevistados. Os dados revelados pelos entrevistados expressam situações e vivências da população negra que se entrecruzam com outras trajetórias de sujeitos negros no enfrentamento dos desafios postos para uma inserção digna da população negra no âmbito da educação, cultura e do mundo do trabalho. Por essa razão, a partir da leitura dessa pesquisa, pude experimentar a sensação de estar diante de mim mesmo ao me deparar com narrativas tão eloquentes e reveladoras de estratégias que se comunicam pela herança histórica partilhada de uma sociedade constituída a partir de relações sociais pautadas pelo escravismo.

Sendo o livro resultado de uma pesquisa de doutorado, faz-se necessário chamar a atenção para alguns aspectos presentes no processo de pesquisa, de modo a destacar a formulação do problema de pesquisa, a determinação das informações julgadas necessárias para encaminhar as respostas às indagações da pesquisa e o quadro teórico interdisciplinar construído para não só refletir conceitualmente sobre o problema, mas para formular respostas às questões elaboradas. Destaco, ainda, como um mérito da pesquisa a forma como a autora organiza as narrativas e constrói a exposição do texto, realizando o cuidadoso e exigente exercício de interpretação das narrativas à luz de um quadro teórico-conceitual bem-demarcado. A autora realiza uma consistente articulação entre abordagem quantitativa e qualitativa na pesquisa, presente na primeira e segunda partes do trabalho, respectivamente.

Logo na Introdução, formula-se o problema a ser investigado a partir do encadeamento de um conjunto de perguntas com o intuito de "conhecer as barreiras e as facilidades encontradas por homens e mulheres negros durante seu percurso profissional em cargos de chefia / gestão". A questão posta para direcionar a investigação conduz a autora a vários aspectos da inserção da população negra no mundo do trabalho. O percurso desenhado para conduzir a investigação elege, como ponto de partida, a constatação das desigualdades sociais presentes na sociedade brasileira e no mundo do trabalho expressas, dentre outros, pelos indicadores referentes ao quadro de mobilidade social no Brasil, de modo a considerar as dimensões de raça e gênero como estratégicas para se refletir sobre o quadro de desigualdades.

Como parte desse exercício de formulação do problema de pesquisa, no capítulo "Desigualdade racial e mobilidade ocupacional no Brasil", a autora discorre sobre as polêmicas existentes entre pesquisadores em Ciências Sociais acerca da "raça" como categoria de análise. O desafio teórico aceito pela autora consiste em conceber a "raça" como uma categoria sociológica e, não, como uma noção desconstruída no âmbito dos estudos da genética. Essa opção revela-se pertinente e coerente com os propósitos da pesquisa por sustentar que as marcas fenotípicas esculpidas nos corpos de mulheres e homens negros prevalecem como uma referência para a compreensão da estrutura das relações sociais em nosso país, de modo a destacar a dimensão do mercado de trabalho.

Na abordagem do tema da mobilidade ocupacional no Brasil, a autora chama a atenção para a relação de mútua implicação entre desenvolvimento econômico e mobilidade social. Ao me deparar com essas reflexões, ocorreram-me duas referências importantes para refletirmos sobre a inserção da população negra no mercado de trabalho: medidas de políticas públicas impostas por força de lei visando a democratizar e promover o acesso da população nacional ao mercado formal de trabalho no período de impulso à industrialização (a Lei dos Dois Terços, promulgada por Getúlio Vargas em 1939) e a adoção do concurso público como mecanismo a promover a modernização do setor público, de modo a diminuir a influência do patrimonialismo e do paternalismo no preenchimento de cargos públicos, instrumento esse a favorecer o ingresso da população negra nesse setor. Historicamente, essas medidas têm importantes repercussões na mobilidade intergeracional percebidas nas famílias negras e contribuíram para que "aqueles que chegam lá" possam ser percebidos como uma referência para aqueles que buscam uma inserção de maior reconhecimento e valorização social.

Ao referir-se à ascensão de negros e mulatos no Brasil, a autora chama atenção para a questão da concorrência entre esses segmentos e os brancos no mercado de trabalho, derivando dessa análise o debate acerca da questão das cotas raciais nas universidades públicas. Deve-se destacar que os pontos de vista sobre a matéria, apresentados pelos sujeitos ouvidos na pesquisa, são elaborados no calor dos debates sobre a constitucionalidade das cotas raciais como mecanismo de ingresso nas instituições públicas de ensino Superior. Os argumentos formulados pelos sujeitos da pesquisa sobre a matéria revelam perspectivas distintas, colocando em evidência a força da ideologia da "democracia racial" e da meritocracia quando o assunto em questão é a mobilidade social ascendente.

"Cor e Ascensão Profissional – negros em cargos de comando" nos convida a refletir não apenas sobre as trajetórias de lutas de mulheres e homens negros em busca de reconhecimento e valorização no mercado de trabalho. O livro nos faz compreender o caráter por vezes instável da posição ocupacional de boa parte dos sujeitos ouvidos nessa pesquisa. Esse é um dado importante para que possamos avaliar, de forma mais criteriosa, a trajetória de mobilidade social descrita como fenômeno de emergência de uma nova classe média na última década. Este livro nos oferece uma interpretação consistente desse fenômeno, que deve ser incorporado a esse debate, de modo a considerar a perspectiva da trajetória de mulheres e homens negros em busca de reconhecimento no mundo do trabalho sob o peso de uma estrutura social organizada sobre os pilares do racismo.

José Eustáquio de Brito

Doutor em Educação
Professor da Faculdade de Educação
da Universidade do Estado de Minas Gerais (UEMG)

APRESENTAÇÃO

Este livro trata da percepção dos gestores negros em relação às barreiras raciais vivenciadas em seu percurso profissional. Considerando a discriminação racial um dos elementos mais atuantes no mercado de trabalho brasileiro, analisamos como essa prática interfere na mobilidade ocupacional de profissionais que obtêm postos de destaque em organizações públicas, privadas e sem fins lucrativos. Para nossas análises, partimos de um panorama descritivo do mercado de trabalho da Região Metropolitana de Belo Horizonte, sob o enfoque relacional de raça e gênero, com destaque para as alterações visíveis entre 1999 e 2009.

Para a pesquisa qualitativa foram entrevistados 25 gestores: oito mulheres e 17 homens. Buscamos compreender a trajetória dos entrevistados ao analisarmos as barreiras de origem e a trajetória educacional, as condições de inserção no mercado de trabalho, seus deslocamentos na empresa atual e a percepção dos gerentes sobre as relações raciais no Brasil.

O destaque foi o aumento da (auto)declaração de cor captado pela Pesquisa Nacional por Amostra de Domicílio (PNAD), o que pode significar uma maior conscientização dos negros sobre seu pertencimento racial. Há, ainda, a ampliação da escolaridade para todos os grupos e a melhora nos indicadores de raça em função, em parte, do resultado de políticas públicas mais universais.

Nas Ciências Sociais, a questão das relações raciais integra o campo do conhecimento que analisa como as assimetrias entre negros e brancos influenciam a persistente desigualdade social no Brasil. O interesse pelo tema não é novo. Desde o início do século XX já havia uma preocupação em se compreender a situação da população negra brasileira frente às transformações sociais, econômicas e políticas daquela época e a participação dos negros na construção da identidade nacional. Esses estudos caminharam de uma visão pessimista da contribuição das raças para o desenvolvimento nacional à concepção positiva da integração racial como elemento definidor da tolerância e harmonia social. Na década de 1950, surgiram os principais estudos que tratavam da influência do preconceito racial na estrutura social brasileira a partir do processo de industrialização e, nos anos 1970, a maioria dos trabalhos apontava a persistência da discriminação racial em momentos distintos do desenvolvimento nacional.

No final da década de 1990, as pesquisas acadêmicas e as discussões políticas sobre as relações raciais em nosso País tomaram um novo impulso. A visibilidade das desigualdades raciais impôs a necessidade da ampliação de estudos capazes de ajudar a compreender como e porque, depois de mais de cem anos da abolição, a maioria dos negros permanece integrando a parcela mais vulnerável da população brasileira. Vincular as desigualdades raciais ao racismo é uma tarefa difícil e polêmica. Os problemas dessa associação estão relacionados à utilização do termo mais adequado para definir o pertencimento racial dos indivíduos – raça, cor ou etnia – até a forma de classificá-los ou diferenciar eventos que demonstram preconceito de raça, gênero ou classe social. Esses e outros problemas acabam por interferir na aceitação de políticas públicas e ações afirmativas voltadas exclusivamente para os negros. E a discriminação racial no Brasil, evidente ou sutil, permanece impondo barreiras que exercem uma ação negativa sobre o ciclo de vida de mais da metade da população brasileira.[1]

As desigualdades raciais no mercado de trabalho brasileiro são evidentes nas situações e condições diferenciadas de negros e brancos, seja no momento da inserção, da construção da trajetória ocupacional ou na possibilidade de ascensão profissional. Neste ponto, chama-nos a atenção a permanência da "sub-representação" dos negros em profissões de maior prestígio e *status* social e na ocupação de postos de comandos em organizações públicas e privadas.

A publicação mensal "Tempo em Curso" (2011), ao apresentar um balanço sobre alguns indicadores de raça no Brasil, para o período de 2003 a 2010, observou mudanças no perfil do mercado de trabalho brasileiro, com uma possível redução das desigualdades raciais no que se refere ao rendimento, ao desemprego e à informalidade. A princípio, o relatório sugere que houve uma redução das desigualdades raciais no período, resultado das políticas sociais do Governo Lula e do crescimento do mercado interno, além do novo padrão de inserção da economia brasileira no cenário mundial. No entanto, este mesmo documento chama a atenção para a permanência de outras características que mantêm os negros em desvantagem em relação aos brancos no mercado de trabalho: os brancos são maioria nos ramos de atividades da administração pública (60,7%),

---

[1] No ano de 2010, de acordo com dados do Instituto Brasileiro de Geografia e Estatística (IBGE, 2011), residiam no Brasil 190,8 milhões de pessoas. Destas, 96,8 milhões se declararam espontaneamente negras e pardas (sendo os negros 14,5 milhões e os pardos 82,3 milhões) e 91,1 milhões se declararam espontaneamente brancas.

intermediação financeira (60,3%) e indústria (55,8%). Os negros predominam nos ramos da construção civil (59,7%) e nos serviços domésticos (62%).

Uma pesquisa realizada pelo Instituto DataFolha revelou que 19% dos negros no Brasil declararam que já se sentiram discriminados no trabalho por causa de sua cor. Se comparado com o percentual de brancos que já se sentiram assim – 2% –, percebe-se que o racismo é uma prática que atinge mais negros que brancos. A pesquisa mostra que o grau de discriminação varia segundo a cor da pele, sendo 11% entre os pardos e 9% entre os orientais. As situações e as formas de discriminação também são diferenciadas por raça. Entre os negros, a principal reclamação foi sobre o processo de seleção, quando se sentiram preteridos em função de sua cor.

> As instituições apregoam que 'todos são iguais perante a lei', e asseguram que todos têm a mesma oportunidade, basta que a competência esteja garantida. As desigualdades raciais persistentes evidenciam que alguns são menos iguais que outros. Mas sobre isto há um silêncio. O silêncio não é apenas o não dito, mas aquilo que é apagado, colocado de lado, excluído. O poder se exerce acompanhado de certo silêncio. É o silêncio da opressão. (BENTO, 2005)

Se os negros, homens e mulheres, vivenciam a discriminação nos processos de seleção, o que dizem aqueles que conseguem ascender profissionalmente e passam a ocupar cargos de destaque nas organizações públicas e privadas? Segundo Bento (2005), esses são vistos como negros 'fora do lugar'. Para estes, as práticas discriminatórias, frequentes e intensas, podem se manifestar na interação com subordinados, superiores, clientes e fornecedores das organizações onde atuam e, até mesmo, no momento do consumo próprio, pois o estilo de vida destes indivíduos também se altera. A trajetória ascendente no mercado de trabalho encontra ora barreiras, ora facilidades; todos os trabalhadores motivados pelo objetivo ascensional investem na sua escolaridade e na sua qualificação, além de somar experiências profissionais diversas.

Nos últimos vinte anos, várias pesquisas, publicações e encontros científicos, em quase todas as áreas do conhecimento, abriram suas portas para trabalhos que tratam das relações raciais. Nas Ciências Sociais, as pesquisas sobre a questão racial no Brasil seguiram abordagens diferenciadas. Em um primeiro momento, privilegiou-se a concepção de 'democracia racial' defendida por Gilberto Freyre e outros autores da segunda metade do século XIX. Essa visão, ao valorizar a miscigenação como solução para as desigualdades raciais, se contrapunha à visão racista anterior que apontava a inferioridade do negro e o perigo da mistura racial para a construção da nação brasileira. Já no século XX, no final dos anos 1950, Florestan Fernandes e outros sociólogos concluíram que a democracia racial no Brasil era um mito e que o racismo era generalizado na sociedade brasileira. Na visão de Florestan Fernandes, o preconceito racial era resultado do passado de escravidão; com o desenvolvimento industrial e a distância deste período, as diferenças raciais poderiam ser reduzidas.

No final da década de 1970, os trabalhos de Carlos Hasenbalg, Nelson Valle Silva, Antônio Guimarães e outros evidenciavam que, com o passar dos anos, o racismo brasileiro adotava novas estratégias de desqualificação dos negros, restringindo seu acesso a bens materiais e simbólicos e dificultando seu processo de ascensão social. No Brasil, o processo de ascensão social das classes mais pobres depende da trajetória ascendente possível no mercado de trabalho. Este percurso apresenta facilidades e dificuldades que afetam a todos os grupos sociais. No caso de a população negra, "sub-representada" nos escalões mais altos de organizações públicas e privadas, o preconceito e a discriminação racial podem acrescentar barreiras não trabalhadas adequadamente pelas instituições.

E foi a partir da disponibilidade de dados e leituras sobre o tema no campo das Ciências Sociais, considerando o meu amadurecimento em relação à minha identidade racial, estreitando minhas relações com pessoas e movimentos sociais em Belo Horizonte e refletindo sobre a minha própria trajetória profissional, que este trabalho foi proposto e produzido. Desta forma, ele é, em parte, fruto da pessoa que sou, falando de um determinado 'lugar' no mercado de trabalho; observando, vivenciando e refletindo sobre as relações entre brancos e negros na sociedade brasileira.

Neste sentido, quero agradecer, especialmente, à professora Dra. Cristina Almeida Cunha Filgueiras, orientadora desta pesquisa e professora do Programa de pós-graduação em Ciências Sociais da PUC/MINAS; e aos professores Drs. Frederico Luiz Barbosa Melo, Geraldo da Silva Filho, José Eustáquio de Brito, Magda Maria Bello de Almeida Neves e Maria Aparecida Silva Bento, membros da banca de doutorado, pelas valiosas contribuições ao trabalho. Aos gestores, que gentilmente concordaram em participar da pesquisa. À Pró-Reitoria de Pesquisa e Pós-Graduação da PUC/MINAS. À Mazza Edições e à revisora Elizete Munhoz. Aos colegas Lucas Wan Der Maas e Maria Ângela Ramos. Aos amigos Bruno Souza Leal, Marcelo de Rezende Pinto, Danielle Ramos de Miranda Pereira, Paulo de Souza, Nélio de Oliveira, Josmária de Oliveira, Dalva Maria Soares e Cássia Rosa. À minha irmã, Patrícia Maria de Souza Santana. Aos amigos que atuam no movimento negro em Belo Horizonte: Benilda Brito, Cleide Hilda, Marcos Cardoso, Rosália Diogo e tantos outros, por não desistirem do ideal de igualdade, respeito e solidariedade.

Andréa Alcione Souza

CAPÍTULO 1

DESIGUALDADE RACIAL E MOBILIDADE OCUPACIONAL NO BRASIL

As relações raciais no Brasil

A utilização do conceito "raça" nos estudos acadêmicos é objeto de pouco consenso entre autores das Ciências Sociais. Inicialmente, a discussão sobre essa temática se deu em torno da questão da existência ou não de raças humanas. Para os biólogos não se justifica a utilização do termo raça, visto que não existem raças humanas[2]. Diferenças fenotípicas, intelectuais, morais e culturais entre indivíduos ocorrem em função de construções socioculturais, fora do campo biológico, ou seja, os fenótipos ganham significados a partir de crenças e valores.

Discute-se a substituição do termo raça por etnia. A etnicidade corresponde às diferenças culturais observadas entre os indivíduos. Ao contrário da raça, a etnia é socialmente aprendida e é capaz de alterar comportamentos. A etnia nomeia grupos que possuem origens, interesses comuns e experiências compartilhadas.

Desta forma, a ideia de raça perde cada vez mais força no campo das Ciências Sociais, pois, quando se tem um conjunto humano que possui as mesmas características físicas, originárias de antepassados que são comuns, se está diante de um grupo étnico. Segundo Santos (2001), a noção de etnia deverá prevalecer sobre a de raça. Um grupo étnico possui forte sentido de união e pertença, pois compartilha a mesma cultura, história e valores.

Nesta complexa rede de definições, o desafio de justificar uma determinada hierarquia social por meio do conceito sociológico de raça confunde-se

[2] Nos Estados Unidos desenvolveu-se, ao longo do tempo, uma concepção de raça de base estritamente biológica e genética. Nesta sociedade, basta o indivíduo possuir um ancestral negro para ser classificado como negro – independente de suas características físicas aparentes.

com outras distinções, baseadas em outras categorias como sexo e classe. Alguns autores que tratam das relações raciais duvidam da existência de discriminação racial no Brasil, apontando a cor como fonte de manifestações preconceituosas. Mas, segundo Fernandes (1965), o preconceito de cor refere-se a uma forma particular de discriminação racial. A cor é percebida como objetiva e a raça como um conceito abstrato. Para Guimarães (1999), no Brasil, a cor funciona como uma imagem figurada da raça; quando alguns teóricos utilizam a "cor" em seus estudos, estão implicitamente negando o racismo brasileiro.

> De fato, não há nada espontaneamente visível na cor da pele, no formato do nariz, na espessura dos lábios ou dos cabelos, ou o mais fácil de ser discriminado nesses traços que em outros, como o tamanho dos pés, a altura, a cor dos olhos ou a largura dos ombros. Tais traços só têm significado no interior de uma ideologia preexistente (para ser preciso: de uma ideologia que cria os fatos ao relacioná-los uns aos outros), e apenas por causa disso funcionam como critérios e marcas classificatórios. Em suma, alguém só pode ter cor e ser classificada num grupo de cor se existir uma ideologia em que a cor das pessoas tenha algum significado. Isto é, as pessoas têm cor apenas no interior de ideologias raciais.

As discussões em torno da "cor" surgiram quando os autores começaram a analisar o processo de levantamento de dados sobre cor/raça/etnia da população. A (auto)classificação neste quesito implicou, no levantamento de dados realizado pela PNAD de 1976, 135 registros diferenciados para essa determinação, concentrados em torno de sete formas de classificação de cor: branca, preta, parda, amarela, morena clara, morena e clara. A coleta de informações sobre a cor da população brasileira é realizada desde 1872, mas em 1900, 1920 e 1970 esse item foi retirado do questionário.

O Censo de 1960 apresentou uma pré-codificação, estabelecendo cinco possíveis respostas: branca, preta, amarela, parda e índia. Da mesma forma que o Censo anterior, todos aqueles que se declarassem morenos, mulatos ou caboclos eram classificados como pardos. Em 1980, o quesito cor foi apresentado ao respondente com quatro classificações: branco, preto, pardo e amarelo.

Para Teixeira (1998), a (auto)classificação da cor/raça/etnia está diretamente relacionada à situação socioeconômica do indivíduo. Estudos recentes mostram que pretos e pardos que conseguiram ascender socialmente, quando indagados sobre sua raça ou cor, tendem a "branquear" suas respostas. O termo 'negro', para muitos, é considerado pejorativo, pois mantém vinculação com o trabalho escravo. Assim, são utilizadas categorias que procuram reforçar o caráter de miscigenação: mulato, moreno claro, moreno escuro e outros.

Em contraponto à cor, a raça apresenta uma dimensão que marca a diferença e expõe a desigualdade. Para os negros não importa o grau do tom da pele, mais clara ou escura, mas a sua condição de desigualdade na sociedade. Silva (2001), por exemplo, afirma que a classificação de cor revela questões importantes para as relações raciais no Brasil. Evidencia que, em nosso País, essa (auto) definição pode apresentar significados diferentes: uma forma de falar sobre a identidade e a cultura; de marcar as diferenças ou escondê-las. Esse tipo de classificação é uma construção social. Entre os acadêmicos negros não há consenso sobre a utilização de raça como categoria de análise.

Outro problema que se coloca neste debate é o afastamento existente entre o discurso teórico e a prática dos movimentos negros organizados. A partir dos anos 1970, esses movimentos adotaram uma postura definida por alguns autores como racialista[3]. Com essa postura, o novo movimento negro construiu a sua política de atuação no combate à discriminação racial e promovendo o desenvolvimento de uma identidade ou consciência negra que, entre outras consequências, implicou o resgate da herança africana no Brasil. O movimento negro nesta época foi duramente criticado na Academia por cometer duas "heresias" científicas: adotar o critério de identidade a partir da ascendência e, não, de (auto)definição; e impor categorias de análise baseadas na crença em raças biológicas. Desta forma, esse movimento foi acusado de "racista às avessas". Em defesa do movimento negro, Guimarães (2002) afirma que,

> à medida que o movimento negro ganhou maior proeminência política, principalmente quando passou a defender políticas públicas voltadas para a população negra, ferindo interesses e privilégios consolidados, o mal-estar da academia tendeu a transformar-se facilmente em conservadorismo político.

A utilização da categoria raça pelo movimento negro favorece a construção da identidade racial e revela espaços de discriminações específicas. No campo teórico, a utilização deste termo tem como função problematizar as de-

---

[3] A atuação do movimento negro no Brasil pode ser dividida em dois momentos marcantes: a partir de 1930, cultivou-se a ideia da democracia racial, negando as desigualdades a partir da raça/cor. Na década de 1970 o movimento negro, revitalizado, apontou a democracia racial como uma farsa, indicando as discriminações aos pretos e pardos em várias esferas sociais. Atualmente, a ação dos movimentos reforça a ideia da identidade racial, enfatizando o orgulho pela raça. (CARDOSO, 2002)

sigualdades de tratamento e oportunidades de certos indivíduos em função de sua raça, a partir das representações que existem sobre o negro e o seu lugar na sociedade. Apesar de não haver consenso sobre a utilização da categoria raça, neste estudo optou-se pelas denominações de negros e brancos.

Considera-se correta a utilização da "raça", não em seu sentido biológico, mas para reforçar a origem e a história comum dos grupos, reconhecendo a importância do seu significado da forma como foi pensada pelos movimentos sociais. Nas pesquisas sobre as relações raciais, a raça, a cor e a etnia se confundem até mesmo na denominação dos indivíduos deste grupo. É comum os trabalhos fazerem referência às pessoas de cor como não brancas, afrodescendentes, ou, ainda, utilizarem o termo étnico-racial, no intuito de mediar as várias interpretações sobre a questão. Neste trabalho serão utilizados os termos cor e raça como sinônimos.

Ainda segundo Guimarães (1999), a utilização da diferenciação racial é importante quando se considera nas pesquisas oficiais, censos e pesquisas amostrais que não há diferenças entre os 'grupos não brancos' entre si, ou seja, pretos e pardos convivem com as mesmas condições de vida. As diferenças somente são visíveis quando a relação entre brancos e negros é considerada.

O estudo teórico das relações raciais no Brasil é um terreno em construção e a maioria dos trabalhos analisa a participação dos negros na sociedade brasileira, em vários estágios do nosso desenvolvimento, tentando compreender o reflexo de nossas heranças nas formas contemporâneas de discriminação racial. No entanto, as obras que tratam das desigualdades de raça, apoiadas em evidências empíricas, carecem de aprofundamento e discussões que viabilizem a realização de novos trabalhos. Pode-se considerar recente a abertura definitiva da Academia para esse tema, principalmente no que se refere aos estudos das práticas discriminatórias.

Sobre a noção de raça em uma abordagem relacional, é necessário registrar a inegável contribuição dos estudos clássicos para as relações raciais, realizados entre a segunda metade do século XIX e o início do século XX, os quais problematizaram as condições de inserção do negro na sociedade brasileira, contribuindo para o amadurecimento das práticas de combate ao racismo e para as primeiras iniciativas de elaboração de políticas públicas nesta área.

Para Oliveira & Costa (1981), não existe uma perspectiva teórica unificadora sobre as relações raciais no Brasil.

> [...] as relações interétnicas não foram objeto de estudo de boa parte dos clássicos da sociologia como Marx, Durkheim e outros, que se dedicaram apenas incidentalmente atenção a este objeto. Mesmo a contribuição de Weber, embora significativa, é apenas uma pequena parte de sua obra. Pensamos ter este fato contribuído para a atual configuração dos estudos sobre relações interétnicas. Tais abordagens, em sua maioria, fazem eco à opinião pública das sociedades em que se originam e nas quais se estrutura a consciência de que as relações interétnicas constituem um problema social. [...] O campo das relações interétnicas tem sido analisado em estudos de contato cultural, conflito de classe, sistema de castas, análises psicossociais e práticas de discriminação.

Para essas autoras, o pensamento social brasileiro sobre raça tem duas orientações principais: uma ligada originalmente a Gilberto Freyre que, em suas obras "Casa grande & senzala" e "Sobrados e mocambos", postula a existência de uma democracia racial. Outra corrente, ligada a Florestan Fernandes, que articula raça e classe a partir de dados censitários, afirma a exclusão dos negros desde a formação da sociedade de classes no País. É importante lembrar que as duas correntes polemizaram a questão por meio de históricas pesquisas sobre as relações raciais no Brasil, realizadas na década de 1950 e financiadas pela UNESCO[4].

Freyre, em seus estudos, procurou compreender a formação da identidade do brasileiro, ao analisar os antecedentes da colonização portuguesa nos trópicos; as contribuições do branco, do índio e, sobretudo, do negro na formação do brasileiro e de sua cultura; a decadência do patriarcado rural e o estabelecimento do urbano; a desagregação da família patriarcal em face da nova ordem republicana; as influências francesa, inglesa, alemã e ibérica, e o futuro homem brasileiro.

A postura metodológica escolhida por Gilberto Freyre para interpretar a formação da identidade nacional pela integração entre brancos, índios e negro é um dos elementos fundamentais para a compreensão da noção de harmonia racial que prevalece em sua obra central – "Casa grande & senzala".

Em Freyre, as ideias não são impostas de forma preconcebida e lógica, mas apresentadas ao longo do texto, entremeadas pelo cheiro das plantas, das flores-

[4] Entre 1950 e 1953, a Organização das Nações Unidas para a Educação, Ciência e Cultura (UNESCO) financiou um conjunto de pesquisas sobre as relações raciais no Brasil com o objetivo de compreender e disseminar para outros países o segredo da suposta 'harmonia racial' da sociedade brasileira. Neste período, o contexto internacional, após a II Guerra Mundial, ainda era de perplexidade em relação aos crimes cometidos em função das diferenças raciais.

tas, das casas e das cozinhas. Essa forma de apresentar seus argumentos, evidenciando a vida cotidiana, pode desviar-nos das suas propostas e preocupações: a de compreender o que é a sociedade brasileira, quais são os elementos que nos tornam uma nação, qual é a identidade do brasileiro. Para isso, ele busca na história e na cultura suas respostas. O autor trabalha com as contradições presentes na sociedade e evidenciadas nos títulos de seus livros; na verdade, antinomias que não levam a uma ruptura, a uma superação da situação anterior.

Ao estudar a vida íntima do Brasil nos tempos da escravidão e analisar o cotidiano das relações sociais no interior da família patriarcal, Freyre privilegia os traços sociais que se configuram neste ambiente: a miscigenação, a reciprocidade das culturas e a mobilidade social. O autor procura negar as teses racistas de outros autores, cujas ideias estavam baseadas na inferioridade biológica dos negros e, portanto, na visão negativa da mistura das raças. Esses estudos postulavam um gradual embranquecimento como estratégia para o desenvolvimento do País. Ao contrário, a miscigenação não seria uma característica de inferioridade, mas um valor original da construção de nossa identidade. Ainda no prefácio de "Casa grande & senzala", Freyre (1973), ao manifestar suas influências e orientações teóricas, afirma:

> Foi o estudo da antropologia, sob orientação do professor Boas, que primeiro me revelou o negro e o mulato no seu justo valor – separados dos traços de raça, dos efeitos do ambiente ou da experiência cultural. Aprendi a considerar fundamental a diferença entre **raça e cultura**; a discriminar entre os efeitos de relações puramente genéticas e os de influências sociais, de herança cultural e de meio. Neste critério de diferenciação fundamental entre raça e cultura assenta todo o plano deste ensaio. Também no da diferenciação entre hereditariedade de raça e hereditariedade de família. (Grifo nosso.)

É na casa grande e na senzala que o autor identifica o caráter despótico da sociedade escravista, baseada nas relações perversas entre o senhor e o escravo, entre o menino da casa e o moleque da senzala, entre a senhora e a mucama. São relações fundadas na violência e na crueldade. Prevalece no sistema patriarcal o valor da autoridade e da hierarquia, em que impera a vontade do superior (senhor de engenho) sobre o inferior (escravo). Ao mesmo tempo, neste sistema social observam-se outros valores que irão configurar um espaço de confraternização e de relações personalizadas. O escravo doméstico, "a cria", para ser bem-tratado, precisa reconhecer a superioridade do senhor e se conformar com a sua situação.

No sistema patriarcal, de um lado há o **conflito**, a dominação brutal de escravos, mulheres e meninos. As relações são hierarquizadas, anti-igualitárias, cruéis e objetivadas. A mulher, para o senhor, é apenas um ventre gerador; a escrava, um objeto de satisfação sexual, e o escravo, um instrumento de trabalho. De outro lado, tem-se a *cooperação*, a confraternização, a fraternidade cristã; o valor do ócio, do tempo lento, da espontaneidade dos afetos. Para Gilberto Freyre, neste equilíbrio de opostos prevalece o lado da cooperação. Desta forma, a compreensão da identidade nacional se faz abandonando-se a economia e a política e centrando-se em aspectos mais profundos e duráveis, ou seja, na cultura e nos valores.

A sociedade patriarcal, para Freyre (1973), é aberta, permissiva à mobilidade social na qual os compadres, os mulatos e os parentes se abrigavam. No entanto, a maioria dos escravos não estava no trabalho doméstico. Pelo contrário, um número superior estava nas lavouras ou nas minas, sob vigilância dos feitores e sujeitos a castigos cruéis. A violência contra esses negros crescia à medida que aumentavam a revolta e os movimentos de resistência. Na verdade, os escravos "improdutivos" eram sustentados pela renda extraída da enorme maioria dos escravos "produtivos".

Outra afirmação importante da obra de Freyre é a possibilidade de ascensão do bacharel e do mulato. A inserção dos mestiços e das camadas mais baixas da sociedade em determinados cargos e funções públicas foi dificultada, ou mesmo impedida, a exemplo da representação do País no exterior. Apesar disso, a concessão de títulos acadêmicos a este segmento da população possibilitou um meio efetivo de ascensão social. Aliás, foi por meio dos bacharéis – filhos e genros dos senhores –, formados pelas faculdades de Direito, que as transformações foram introduzidas.

Primeiro, com mudanças de hábitos e valores que criam novos estilos de vida importados da Europa. Depois, com a noção de progresso material, introduzida pelos bacharéis positivistas, os principais vetores da modernização da sociedade patriarcal. O bacharel e o mulato constituem, na visão de Freyre, elementos de diferenciação numa sociedade que procurava se integrar pela acomodação dos antagonismos. É importante ressaltar que a ascensão do mulato está relacionada à miscigenação. Os traços finos e a aparência embranquecida do mulato foram fundamentais para a sua aceitação na sociedade da época e para a valorização da miscigenação. A aparência física torna-se, para os negros, uma questão fundamental para sua inserção nas instituições. O comportamento do mulato, sua simpatia, sua forma de sorrir ajudaram esses indivíduos a superar os preconceitos e a ascender socialmente.

A escravidão negra no Brasil não pode ser considerada como contratual, uma vez que está baseada na coação e na violência do senhor sobre o escravo. A abolição não favoreceu a integração e a ascensão dos libertos, rapidamente substituídos, no mercado de trabalho, por imigrantes europeus. Se por um lado, a obra de Gilberto Freyre foi importante para refutar ideias racistas sobre a contribuição do negro africano na formação da identidade do povo brasileiro, por outro, ao privilegiar a vida privada e a intimidade das relações, o autor acabou por encobrir as contradições da escravidão colonial que marcaram definitivamente as relações raciais que ainda hoje prevalecem no País.

O trabalho desse autor influenciou os estudos posteriores sobre as relações raciais no Brasil pós-colonial. A primeira geração de autores desta temática, mesmo mudando o foco para a análise das relações raciais concretas no período de mudanças sociais no Brasil, não abandonou o ideal de convivência pacífica entre brancos e negros. Sob a influência da obra central de Gilberto Freyre, os primeiros estudos sobre as relações raciais no Brasil, na sociedade de classes que se configurava, surgiram a partir de 1930 e legitimaram a 'democracia racial brasileira', afirmando que, em nosso País, não havia conflitos raciais abertos. Estes trabalhos tomavam como referência o modelo de segregação racial, presente na época nos Estados Unidos e em outras nações. Segundo Figueiredo (2002), os trabalhos de Donald Pierson e Thales de Azevedo descrevem a sociedade brasileira como multirracial e de classes. Para esses autores, o preconceito de cor poderia ser amenizado a partir de mecanismos de embranquecimento biológico ou social, como casamentos inter-raciais, aumento da educação e apadrinhamento. A desigualdade racial existente na época era fruto da escravidão; a sociedade de classes, ao favorecer a ascensão social dos mulatos a partir dos esforços pessoais, suplantaria o preconceito racial.

As principais ideias de Freyre e seus seguidores contribuíram para formar uma ideologia racial politicamente conservadora, que se baseia nos seguintes pressupostos: a cor e a aparência são mais importantes que a raça; a noção de cor no Brasil é ambígua, existindo um contínuo de cores; a polaridade branco-negro organiza o gradiente de cor e de prestígio social; o embranquecimento, que antes significava tão somente substituição da população negra pela branca ou, quando muito, miscigenação biológica, passa a significar ascensão social e aculturação dos negros e mulatos; não existe racismo no Brasil. O preconceito existente é de caráter individual e está relacionado à classe do indivíduo e, não, à sua raça; as desigualdades raciais seriam produto dos anos de escravidão e das doações iniciais desiguais em termos de capital entre brancos e negros. O mito da democracia racial esvaziou politicamente a questão, transformando-a de coletiva a individual e dificultando a emergência da consciência política do negro frente às manifestações racistas.

Em outra perspectiva, Florestan Fernandes analisa a inserção do negro na sociedade de classes após o fim do regime escravista. Sua análise, juntamente com outros autores, é um marco para a compreensão da inserção do negro no mercado de trabalho no Brasil. A partir do momento em que se estabeleceu a ordem capitalista no Brasil, foi necessário examinar de que forma a discriminação racial poderia implicar desigualdade social. Fernandes (1965), ao analisar o desenvolvimento econômico dessa época e refletir sobre a urbanização da cidade de São Paulo, perceberá o destino dos ex-escravos nesta cidade. O autor chama a atenção para o fato de que após a abolição nenhuma instituição brasileira se responsabilizou por tratar da inserção dos negros no novo contexto. Foi justamente a omissão do branco, e não sua ação, que influenciou a permanência da população negra em condições desfavoráveis na estrutura social da ordem competitiva. Ambos, negros e brancos, se conformaram aos moldes do antigo regime. De um lado, os brancos, que compunham a elite da época, permaneceram utilizando mecanismos de apadrinhamento, remetendo as relações raciais ao paternalismo tradicionalista. De outro lado, acionavam os mecanismos de repressão e controle frente a qualquer forma de ameaça às relações de poder vigentes.

A ascensão de negros e mulatos no período de transição se deu muito mais em função deste paternalismo, que por socialização na nova ordem. Na sociedade de classes no Brasil, os negros não se libertaram da sua condição de escravo, de cria da casa, e se comportavam passivamente, assumindo uma postura de subserviência em troca de pequenos favores e proteção. Aqui, também, as representações negativas do negro serviram para confirmar o seu lugar na nova sociedade que se desenhava. Era considerado normal, pelas instituições, que neste grupo estivesse a maioria dos criminosos, prostitutas e vagabundos. A obra de Fernandes (1965) contribuiu para questionar a ideologia racial no Brasil, mostrando que a relação entre brancos e negros foi marcada por conflitos explícitos ou velados.

Apesar de não acreditar em democracia racial, Florestan Fernandes era otimista ao pensar que o desenvolvimento da sociedade capitalista poderia contribuir para a redução das desigualdades raciais no País. Segundo Bento (2002), aquele autor, ao tentar explicar as assimetrias raciais no País, acabou por reforçar a explicação das desvantagens sociais dos negros em função da sua experiência como escravos – o que comprometia o desenvolvimento das habilidades necessárias ao trabalho livre. A tese defendida por Florestan Fernandes influenciou o senso comum no País com a crença de que as desigualdades de oportunidades são determinadas por preconceito de classe, as quais tenderiam a desaparecer com o desenvolvimento do capitalismo no Brasil.

A questão racial no Brasil, do ponto de vista teórico, pode ser agrupada em três enfoques diferentes: uma corrente defende a concepção de que as relações raciais no País são harmoniosas, livres de conflito e que o Brasil vive uma verdadeira democracia racial; o segundo enfoque vincula as relações raciais às relações de classe. A desigualdade entre negros e brancos seria consequência da forma como os negros se integraram à sociedade de classes. Por fim, autores como Carlos Hasenbalg (2005), Antônio Sérgio Guimarães (1999, 2002) e Nelson do Valle Silva (1987) afirmam que a raça é um fator determinante na localização das pessoas na estrutura de classe e na estratificação social e ocupacional do País e se constitui, desta forma, como um mecanismo de reprodução das desigualdades sociais dentro do sistema capitalista. Nesta última perspectiva teórica encontram-se os estudos sobre a influência da raça/cor na estratificação social e os determinantes para as desigualdades raciais visíveis na sociedade brasileira.

Mobilidade social no Brasil

Segundo Andrade (1995), a mobilidade social se refere à mudança de *status* social em relação à posição que o indivíduo ocupa na hierarquia de um determinado sistema de classificação. Apesar de a possibilidade de abordar a mobilidade social a partir da educação ou da renda, a maioria dos estudos sobre essa temática utiliza a mobilidade ocupacional como *proxy* da mobilidade social. Para Scalon (1999), a forma como a posição social é definida permite diferenciar dois enfoques nos estudos sobre mobilidade: classe ou ocupação. Nos estudos que tomam a classe como referência, são analisados a identidade e o comportamento dos indivíduos no processo de mobilidade entre uma classe e outra. Na segunda abordagem, a mobilidade é tratada a partir da movimentação nas categorias profissionais de uma determinada estrutura de emprego. A mobilidade ocupacional é, portanto, "resultado das mudanças que ocorrem na posição de trabalho, as quais, por seu turno, implicam modificações nas condições de trabalho e bem-estar para as famílias" (ANDRADE, 1998). Esta mobilidade ocupacional pode ser intra ou intergeracional.

A mobilidade intrageracional se refere às mudanças ocorridas ao longo da trajetória profissional do indivíduo, o que pode caracterizar um movimento ascendente ou descendente na estrutura de ocupações; e compara-se o *status* ocupacional no início da carreira com o *status* atual. Já a mobilidade intergeracional refere-se às mudanças ocupacionais observadas entre gerações. Neste caso, o *status* ocupacional do pai é comparado ao do filho no momento em que este ingressa no mercado de trabalho.

A mobilidade ocupacional depende de dois fatores fundamentais: a dinâmica e a estrutura do mercado de trabalho – com sua capacidade de gerar novas ocupações – e as competências e habilidades individuais, formadas ao longo da vida, que possibilitam aos indivíduos, em um determinado contexto, aproveitar as oportunidades que surgem, transformando o seu capital intelectual em possibilidade de ascensão profissional. Para o estudo sobre a mobilidade ocupacional, é preciso analisar o mercado de trabalho e o comportamento dos indivíduos frente às oportunidades oferecidas. Em uma situação de grande oferta de possibilidades profissionais, a ascensão social dependerá muito mais da competência e das habilidades individuais. Quando as oportunidades profissionais são limitadas, a educação, a qualificação e a experiência pouco influenciam na mobilidade ascendente.

A mobilidade e a estratificação sociais no Brasil é um tema pouco estudado nas Ciências Sociais. A maioria dos trabalhos analisa a mobilidade social no Brasil a partir da transformação da nossa sociedade de rural para urbana.

O trabalho de José Pastore (1979) é tomado como referência inicial aos estudos mais aprofundados sobre essa questão. Pastore analisou o fenômeno da desigualdade social no Brasil a partir da estratificação social, defendendo a ideia de que uma sociedade sem mobilidade não realiza a promoção humana e o progresso social. A mobilidade social deve ser considerada um importante indicador de desenvolvimento social de um País.

No processo de ascensão vertical, quando o indivíduo alcança posições mais elevadas na estrutura ocupacional, há possibilidade de novos ganhos econômicos, culturais e educacionais, além de mudanças de valores e atitudes. Para Pastore (1979), a mobilidade ascendente significa melhorar de *status* e subir na estrutura ocupacional em um determinado contexto. A sociedade deve possuir uma dinâmica de criação de novos empregos capazes de induzir e promover a diferenciação de habilidades, de novos conhecimentos.

O mercado de trabalho não pode crescer de forma vegetativa, simplesmente cedendo vagas aos novos ingressantes devido à aposentadoria e falecimento dos trabalhadores mais antigos. É fundamental analisar, ao longo do tempo, as transformações da estrutura ocupacional de um País para se identificar o nível de diferenciação dos postos de trabalho.

A mobilidade estrutural pode ser definida como a movimentação dos indivíduos na estrutura de ocupações devido a transformações macrossociais, como a urbanização e a industrialização. Estes processos são capazes de gerar novos postos de trabalho. A taxa de mobilidade é o percentual de pessoas que experimentam mudanças entre seus estratos de origem e de destino. A mobilidade de circulação depende da existência de vagas, do nível educacional e da qualificação dos indivíduos em um determinado contexto social. Na mobilidade circular há troca de posições na ocupação das vagas do mercado de trabalho por causa de aposentadorias, morte ou outro tipo de desligamento. Por sua vez, a imobilidade ocorre quando o indivíduo reproduz, no estrato de destino, sua posição de origem. Segundo Pastore (1979), a mobilidade social é resultado da articulação entre atributos individuais e restrições estruturais. Essas restrições estão relacionadas ao nível de emprego e às transformações urbanas e industriais. A mobilidade estrutural está diretamente relacionada ao processo de modernização ou diversificação econômica, que resulta na criação de novas ocupações no mercado de trabalho. Essas novas ocupações geralmente são preenchidas por indivíduos de outros níveis ocupacionais. Os atributos individuais se referem à educação, idade, qualificação e experiência profissional.

Em sociedades mais desenvolvidas prevalece a mobilidade de circulação. Já em sociedades em processo de desenvolvimento e industrialização prevalece a mobilidade estrutural. Para Andrade (1995), nas sociedades capitalistas, os resultados do desenvolvimento econômico são distribuídos de forma desigual, privilegiando alguns indivíduos em detrimento de outros. A possibilidade de ascensão social de indivíduos menos favorecidos na estrutura social funcionaria como um 'apaziguador' de possíveis conflitos em função da permanência da desigualdade social.

Pastore (1979) argumenta que, ao realizar seus objetivos individuais por meio da ascensão social, a mobilidade pode induzir este mesmo indivíduo a novas aspirações e a uma tensão social pela necessidade de se produzir uma maior diversificação na estrutura ocupacional. Os indivíduos que ascendem na estrutura social tendem a usar o seu prestígio, poder e contatos para, em seu favor, aumentar ainda mais as assimetrias entre os grupos sociais. Deste modo, a mobilidade pode atenuar ou aprofundar a desigualdade social.

Hasenbalg e Valle Silva (2003), analisando a desigualdade social no Brasil a partir da transmissão intergeracional, apresentam um esquema analítico com as principais variáveis do ciclo de vida de um indivíduo, "desde a sua origem no contexto familiar de nascimento até a situação atual da família em que uma nova geração é produzida". A estrutura desigual de recursos e oportunidades sociais presentes em um determinado ciclo de vida acaba influenciando as etapas seguintes, podendo, no final, caracterizar um processo de acumulação de desvantagens que, no caso do Brasil, potencializa a transmissão das desigualdades sociais.

No início, a origem familiar determina a situação social dos seus membros sobre os recursos disponíveis. Na **origem familiar**, destacam-se três dimensões básicas: a estrutura familiar, os recursos econômicos e os recursos educacionais. É importante ressaltar que a variável educação tem um papel de destaque para explicar o movimento ascendente na estrutura social. No segundo momento, da passagem da infância para a adolescência, a **internalização dos recursos**, por meio da saúde e da educação, é fundamental para a constituição física e mental do jovem e, consequentemente, para o aproveitamento das oportunidades que surgirão na etapa seguinte. No terceiro ciclo de vida, o jovem, ao se afastar da família, adquire *status* **social próprio** a partir do acesso ao mercado de trabalho e/ou da constituição da sua própria família. Já adulto, o indivíduo assume, definitivamente, um *status* próprio e autônomo, com uma determinada posição ocupacional no mercado de trabalho e uma renda pessoal, fruto da sua educação e experiência.

Neste ponto, Hasenbalg & Valle Silva (2003) chamam a atenção para a estrutura desigual da distribuição de renda no Brasil e a influência de fatores não produtivos na determinação da renda e do emprego, tais como gênero e raça. A quinta e última variável volta ao estágio inicial, analisando a **renda familiar** do indivíduo e sua capacidade de transmitir ou não, para seus filhos, as vantagens acumuladas ao longo de sua vida.

As tendências da mobilidade ocupacional no Brasil

No Brasil, a referência para a análise dos primeiros indícios de mobilidade social ascendente é a formação da sociedade urbano-industrial no século passado. Até 1920, a economia brasileira era predominantemente rural, voltada basicamente para a exportação, sobretudo de café. Na década de 1920, observam-se, no Centro-sul do País, algumas iniciativas de instalação de uma indústria de base como a siderurgia, a produção de cimento e o surgimento de uma agricultura mercantil diversificada e voltada para o consumo interno, principalmente em São Paulo. Estes setores geravam os poucos empregos industriais da época, e a migração rural-urbana era incipiente.

Já no final dos anos 1920, com a substituição das importações, a economia nacional se ampliou, voltando-se para o mercado interno. Nesta época, em São Paulo, ganham expressão pequenas indústrias dos setores de bebidas, têxteis e do vestuário. No entanto, segundo Henrique (1999), a produção industrial não havia chegado às regiões Norte e Centro-Oeste, que permaneciam isoladas do restante do País. A Amazônia vivenciava a crise da borracha e a economia interna sustentava fluxos comerciais pequenos e específicos, como o de açúcar e algodão do Nordeste para o Rio de Janeiro e São Paulo, e de gado, de Minas Gerais para o Centro-Oeste.

É neste contexto que o estado de São Paulo, "apoiado na produção cafeeira e na diversificação de atividades econômicas" (HENRIQUE, 1999), passa a concentrar iniciativas industriais mais estruturadas e mais produtivas em comparação às demais regiões do País. No entanto, a experiência de São Paulo não pode ser generalizada para as demais regiões. Naquele período, o Brasil podia ser caracterizado como um País eminentemente rural, com apenas 38% da população total vivendo em cidades de até 50 mil habitantes. (SCALON, 1999)

Com a marca da desigualdade regional, inicia-se o processo de industrialização com o surgimento de novos setores, como a metalurgia e a indústria química. Segundo Pastore (1979), no período de 1930 a 1940 começaram a surgir transformações estruturais importantes para a geração de empregos, como o desenvolvimento do comércio e do transporte. Já na década de 1950, a maior parte da demanda por bens de consumo era atendida pela produção própria, o que favoreceu o desenvolvimento da produção de bens duráveis. Foi nesta época que "o capital estrangeiro entrou maciçamente para apoiar a industrialização".

Durante as décadas de 1940 e 1950, o Brasil passou por profundas transformações industriais que geraram novas ocupações, muitas destas com *status* mais alto que as ocupações do meio rural, de onde chegavam os novos trabalhadores. Nos anos 1950, a expansão das empresas estatais e do setor financeiro, em conjunto com o crescimento do setor de comércio e serviços, possibilitou a ascensão social de grande parte da população. Observa-se, neste período, uma grande mobilidade estrutural no País devido ao processo de industrialização e urbanização.

Já no início dos anos 1960 até o final dos anos 1970, a industrialização já estava consolidada. O País produzia quase tudo que necessitava (eletrodomésticos, automóveis, máquinas e equipamento agrícolas, papel, cimento, aço, vidros, etc.). Os serviços sociais e produtivos e as atividades comerciais e de intermediação financeira favoreceram ainda mais o desenvolvimento da comunicação e do transporte. As principais regiões já estavam integradas pelas rodovias e o País era capaz de exportar produtos industrializados.

É neste período que o Brasil emerge como um país urbano. As principais cidades cresceram e concentraram as novas oportunidades de trabalho, de negócios e investimentos, provocando uma rápida alteração na estrutura social do País. As atividades urbanas começaram a se tornar a principal fonte de ocupação para a maioria da população que migrava do campo para as cidades. É neste contexto que o Brasil experimenta o aumento do seu Produto Interno Bruto (PIB), a redução das atividades do setor primário e o aumento dos setores secundário e terciário[5].

No caso brasileiro, o desenvolvimento do setor terciário teve pouco impacto no sentido de reduzir a concentração de renda e promover o desenvolvimento social. A maior parte dos novos postos de trabalho, gerados pelos setores secundário e terciário, era de baixa qualificação, baixo prestígio e baixa remuneração (entregadores, *office-boys*, datilógrafas, auxiliares de escritório, vendedores ambulantes e outros). Um pequeno grupo de profissionais liberais e técnicos, como os administradores, ascendeu socialmente e passou a "usufruir altas rendas, prestígio e mobilidade" (PASTORE, 1979). Desta forma, a maior parte dos trabalhadores teve poucas oportunidades de mobilidade social. As parcelas da população que conseguiram ascender no novo mercado de trabalho foram as camadas gerenciais, de alto comando e altos profissionais, que possuíam maiores níveis de escolaridade e especialização.

---

[5] O setor primário é formado por atividades ligadas aos recursos naturais, como agricultura, mineração, pesca, pecuária, caça e extrativismo vegetal. O setor secundário agrega atividades de transformação de matérias-primas em produtos industrializados e o setor terciário é formado basicamente pela variedade de serviços prestados, como educação, saúde, transporte, comércio, etc.

Segundo Henrique (1999), na década de 1970, as ocupações manuais urbanas destes setores atingiram 40% da população economicamente ativa do País. Deste conjunto, os serviços pessoais respondiam por quase um terço das ocupações. A escolaridade destes trabalhadores era muito baixa. Ocorreu uma polarização entre os estratos manuais e os não manuais no mercado de trabalho. Em 1980, os proprietários, empregadores e gestores conseguiam altas rendas com o trabalho, enquanto os segmentos inferiores obtinham renda inferior aos trabalhadores manuais urbanos. A transformação social implicou a reprodução de uma forte diferenciação de renda em diversos estratos profissionais. "A transformação acelerada em direção a uma estrutura social mais complexa e profundamente desigual envolveu um processo de mobilidade social fortemente ascendente". Essa mobilidade estrutural esteve vinculada à redução das oportunidades no campo e à abertura de atividades econômicas no espaço urbano. No entanto, a mobilidade estrutural foi acompanhada pelo aumento da desigualdade na distribuição da renda. Segundo Jannuzzi (2004), muitos ascenderam pouco e poucos ascenderam muito na pirâmide social. É exatamente essa relação entre mobilidade social e desigualdade que José Pastore analisou em seu trabalho sobre o tema.

A partir dos dados da PNAD[6] de 1973 e estudando a mobilidade de homens na condição de chefes de família, com idades entre 20 e 64 anos, Pastore constatou a forte incidência de mobilidade ascendente intra e intergeracional.

Suas principais conclusões foram:

a) quase metade dos trabalhadores conseguiu ascender no mercado de trabalho ao longo da sua trajetória profissional (47%); 42% permaneceram no mesmo estrato ocupacional e uma parcela pouco expressiva experimentou uma mobilidade descendente;
b) as mobilidades intra e intergeracional foram mais significativas para os tra-

[6] Pesquisa Nacional por Amostra de Domicílios. A partir da educação e da renda, Pastore (1979) elaborou uma escala de status ocupacional, com base na homogeneidade das ocupações daquele período, com os seguintes estratos: Alto (industriais, administradores de grandes empresas, médicos, economistas, etc.); Médio-superior (administradores do setor público, técnicos de contabilidade, enfermeiros, agentes fiscais, etc.); Médio-médio (operadores de raios-X, agentes postais, mestres de obra, jogadores de futebol, etc.); Inferior (ferreiros, serralheiros, encanadores, eletricistas, etc.); Baixo-superior (cortadores, tecelões, açougueiros, etc.); Baixo-inferior (jardineiros, madeireiros, trabalhadores de enxada).

balhadores dos estratos mais baixos da estrutura ocupacional. Neste caso, os indivíduos ascenderam do estrato manual sem qualificação do meio rural para o estrato manual sem qualificação da cidade;

c) os indivíduos do estrato manual qualificado foram aqueles que mais experimentaram a imobilidade no período analisado;

d) os indivíduos que mais se beneficiaram da mobilidade foram aqueles do estrato não manual do setor terciário;

e) indivíduos que ingressaram no mercado de trabalho mais cedo, nos estratos mais baixos, tiveram mais dificuldades de ascensão. Aqueles que ingressaram mais tarde, em estratos mais elevados, tiveram mais chance de mobilidade ascendente;

f) a mobilidade intergeracional acontece mais em função da origem social, do nível educacional e do *status* do pai, ou seja, a capacidade de ir além da posição dos pais está diretamente relacionada ao *background* familiar;

g) a mobilidade intrageracional foi observada no grupo de 31 a 50 anos de idade e a mobilidade intergeracional no grupo de 31 a 40 anos. Este período foi marcado pela mobilidade estrutural e possibilitou um dinamismo no mercado de trabalho.

Pastore (1979) chama a atenção para a importância do crescimento econômico do Brasil, no período de 1950 a 1970, quanto à inserção da mulher no mercado de trabalho[7]. Neste período, as mulheres ingressaram no mercado de trabalho substituindo os homens em postos mais desqualificados do setor terciário, em ocupações de menor *status* e renda. Uma pequena parcela das mulheres mais escolarizadas preencheu as novas vagas do setor secundário e do alto-terciário (educação e saúde). "O fato de as mulheres (e crianças) ocuparem os empregos de *status* mais baixo permitiu aos chefes de família, homens, ocupar os de status mais alto".

As oportunidades de emprego e a diferenciação ocupacional proporcionaram claras melhorias de *status* ocupacional para a maioria dos chefes de família. Apesar de a estrutura social apresentar elementos que apontam para a desigualdade entre os estratos ocupacionais, a situação melhorou em relação ao período anterior.

[7] De 1960 até início dos anos 1980, a taxa de participação feminina, para as mulheres de 20 a 24 anos, cresceu de 19,8% para 38,5%. O aumento da participação feminina na população economicamente ativa deste período cresceu de 17,9% para 27,5%. (GARCIA, 2005)

O País apresentou ao longo do século XX muita ascensão social e muita desigualdade social. Neste período, houve um 'estiramento' da estrutura social, com o aumento da classe média acompanhado do aumento da distância entre o topo e a base da pirâmide social. A ampliação da classe média se deu em função da possibilidade de alguns indivíduos que já possuíam determinados ativos – como capital, propriedade, nível educacional elevado e qualificação para aproveitar as novas oportunidades que surgiram. O grosso da mobilidade ascendente do período foi simplesmente devido à passagem de ocupações manuais não qualificadas do meio rural para ocupações manuais qualificadas, ou não, do meio urbano.

Neste processo, o "estancamento das ocupações agrícolas forçou os indivíduos de baixo a se movimentar muito, inclusive espacialmente, para continuar predominantemente embaixo de uma ou outra estrutura social, e em condições muito baixas se comparadas à cúpula da sociedade" (HENRIQUE, 1999). Segundo Garcia (2005), se de um lado o crescimento econômico promoveu mudanças no mercado de trabalho, com crescimento de ocupações mais qualificadas e melhor remuneradas, de outro, beneficiou desproporcionalmente diferentes grupos sociais. Neste período, houve piora no valor do salário mínimo e ampliação da concentração de renda.

Na década de 1980, o País vivenciou uma grave crise, com estagnação econômica e alta da inflação com sérios impactos na geração de empregos, principalmente na indústria de transformação. O Estado teve um papel fundamental na geração e sustentação de empregos formais. Os integrantes do topo da pirâmide social (grandes, médios e pequenos empresários e profissionais liberais) seguiram acumulando vantagens sociais e aprofundando as desigualdades sociais. Henrique (1999) lamentou a perda da mobilidade ascendente observada antes da crise, alegando que este movimento foi o único componente estrutural capaz de reduzir as assimetrias na nossa sociedade.

Já na década de 1990, com o início do processo de reestruturação produtiva, houve baixa expansão do emprego formal, aumento de postos de trabalho mais precários e vulneráveis, grande oscilação no número de desempregados e queda do rendimento médio dos trabalhadores. A mobilidade ascendente para aqueles que estavam nos estratos mais baixos da estrutura ocupacional se tornou mais difícil.

Jannuzzi (2004), ao analisar o movimento da mobilidade social neste período, considera como eventos importantes: a perda da participação dos empregos industriais na estrutura ocupacional; o aumento da oferta do emprego no setor público; a redução do fluxo migratório campo/cidade e a ampliação das oportunidades educacionais. O autor conclui que 41% da população experimentaram mobilidade ascendente. Em 1982, o total passou para 52%. "O fato é que as condições estruturais que possibilitaram a ascensão sócio-ocupacional de boa parte da força de trabalho na formação da sociedade urbano-industrial brasileira perderam a força mobilizadora do passado".

A mobilidade intrageracional ficou comprometida e, por isso, os profissionais qualificados, com bom nível educacional, não conseguiram avançar em suas carreiras. Este foi um dos fatores para a interrupção do aumento da classe média no País. As mudanças ocorridas no mercado de trabalho nas duas últimas décadas, principalmente a reestruturação produtiva, resultaram no aumento do trabalho precário e informal, influenciando negativamente as perspectivas de mobilidade ascendente dos trabalhadores mais pobres.

Andrade (1995) analisou a mobilidade social na Região Metropolitana de Belo Horizonte, focalizando homens e mulheres de 10 a 64 anos de idade a partir das variáveis ocupação, educação e renda, com base nos dados divulgados pela PNAD de 1988. Neste trabalho, a autora construiu matrizes de transição de *status* que relacionavam origem e destino social com algumas medidas de mobilidade. Com a construção das matrizes foi possível compreender a mobilidade intergeracional (pois este instrumento permite relacionar o *status* social do pai ao *status* social do filho) e a mobilidade intrageracional (ou seja, a trajetória ocupacional do individuo do seu *status* de origem ao seu *status* atual). Na Região Metropolitana de Belo Horizonte (RMBH) observou-se um aumento da exigência de maiores níveis educacionais para uma mesma ocupação. Um exemplo é o aumento da escolaridade média dos filhos (15,4%) em comparação à escolaridade média de seus pais (5,9%). O aumento de escolaridade não implica, necessariamente, ascensão profissional, uma vez que a mobilidade ascendente depende da estrutura do mercado de trabalho. O aumento da escolaridade na região esteve diretamente vinculada à expansão das vagas no Ensino Básico, nos setores público e privado.

Sobre a mobilidade intergeracional na RMBH, Andrade (1998) observou que mais da metade dos indivíduos ascenderam socialmente em relação aos seus pais. No entanto, os filhos de pais com pequeno nível educacional ou baixo *status* ocupacional, apesar de ascenderem socialmente, mantiveram-se em estratos próximos aos de seus pais. Já os filhos das classes mais altas tenderam a preencher as melhores ocupações, devido à melhor qualificação que puderam adquirir ao longo da vida. Apenas 20% dos indivíduos experimentaram uma mobilidade descendente, ou não se movimentaram na estrutura ocupacional no período analisado. No que se refere à mobilidade intrageracional, aproximadamente 40% dos trabalhadores não se moveram em suas carreiras (ou seja, mantiveram a sua posição de origem) e 6,4% tiveram piora em seu *status* ocupacional.

A escolaridade foi fundamental para a melhoria do *status* ocupacional e, consequentemente, para se alcançar melhores salários. O contexto da reestruturação produtiva fortaleceu a possibilidade da mobilidade circular, em função do surgimento de ocupações com maiores exigências de qualificação, em detrimento da mobilidade estrutural, comprometida pelas constantes crises econômicas. Este processo teve impactos diferenciados sobre os grupos sociais. Aqueles indivíduos que, ao longo da vida, acumularam qualificação e experiência, adequando-se às novas exigências do sistema produtivo, tiveram mais chances de ascensão. Os demais indivíduos que já vivenciavam barreiras sociais no acesso a postos mais qualificados do mercado de trabalho tiveram mais dificuldade de experimentar a mobilidade ascendente. Desta forma, a localização dos trabalhadores na estrutura ocupacional neste período continuou refletindo as desigualdades sociais da sociedade brasileira.

Mobilidade, gênero e raça

Além dos determinantes estruturais, a mobilidade pode ser analisada a partir de recortes específicos que têm como objetivo apontar que outros tipos de desigualdades podem afetar, de forma diversa, a possibilidade de ascensão profissional. O mercado de trabalho e o processo de mobilidade refletem as assimetrias de gênero e raça presentes na sociedade brasileira.

A proposição de Gilberto Freyre – que compreende o Brasil como um País integrado culturalmente, cuja principal evidência seria a miscigenação – teve como um de seus resultados a possibilidade de ascensão do negro de pele mais clara. O mulato, ao incorporar traços físicos de brancos e negros e ser apadrinhado por algum benfeitor, poderia seguir carreira e alterar o seu *status* social. Essa visão foi importante para se contrapor aos referenciais das elites da época, que consideravam a nossa composição racial um entrave ao progresso e à modernidade. De acordo com Hasenbalg (1999), em meados do século XX, essa visão pessimista das elites foi substituída por outra, na qual a contribuição dos grupos raciais, formadores da nossa sociedade, é valorizada e a harmonia racial passa a ser fundamental para o progresso do País. Essa avaliação positiva foi fundamental para a escolha do Brasil, pela UNESCO, como local para o estudo das relações raciais.

No contexto de uma sociedade industrializada, as pesquisas resultantes do projeto da UNESCO trataram de analisar a inserção e trajetória de negros na estrutura social brasileira daquela época. Os trabalhos foram divididos de acordo com as regiões do País e sofreram influências das orientações teóricas de seus realizadores. Os trabalhos de Charles Wagley (1952), Thales de Azevedo (1953) e René Ribeiro (1953) analisaram as relações raciais no Nordeste brasileiro, região que, àquela época, evidenciava traços da cultura colonialista do passado e apresentava uma economia estagnada. "Nestes trabalhos se faz presente, em maior ou menor medida, a influência das obras de Gilberto Freyre [....] e uma comparação explícita com a situação das relações raciais nos Estados Unidos" (HASENBALG, 1999).

Um bom exemplo desta influência está no trabalho de Thales de Azevedo, que analisou a ascensão social das 'pessoas de cor' na sociedade baiana. Segundo Azevedo (1996), é apenas parcialmente verdade que na Bahia não existe preconceito de cor. Uma parte da população branca do estado considerava os negros como pessoas inferiores do ponto de vista social e biológico. A existência de um grande número de negros seria responsável pelo atraso econômico do estado. Essas discriminações eram brandas e se restringiam a determinados setores. Os negros estavam em desvantagem, pois sua cor remetia à lembrança dos escravos africanos, acostumados a serviços braçais e integrantes das camadas mais pobres da sociedade. No entanto, na Bahia, cuja organização social é multirracial e de classes, a ascensão dos negros estaria condicionada única e exclusivamente a suas aptidões individuais.

Neste sentido, esse grupo competia em condições de igualdade com os brancos. O aumento do nível educacional, a adesão à cultura dominante (dos brancos) e os mecanismos de proteção, como a ajuda de padrinhos e madrinhas, eram fundamentais para a ascensão dos negros. As ações de apadrinhamento nestes moldes foram denominadas 'parentesco espiritual'.

Outro estudo importante sobre a questão da mobilidade social é de Costa Pinto, que também participou dos projetos financiados na década de 1950 pela UNESCO. Em seu livro "O negro no Rio de Janeiro", Costa Pinto foi o primeiro a identificar o racismo "velado" no Brasil. Ele utilizou dados dos censos demográficos de 1872 e 1940, comprovando que os negros eram "sobre-representados" em profissões menos remuneradas e com as piores condições de trabalho. A única ascensão experimentada pelos negros foi constatada na cidade do Rio de Janeiro.

Os trabalhos decorrentes do projeto da UNESCO, que trataram das relações raciais no Rio de Janeiro e em São Paulo, enfocaram as formas de integração do negro no sistema de classes e na estratificação social, além de analisarem a vida associativa, a natureza e a função do preconceito racial nesta região. A interpretação de Florestan Fernandes, que analisou a questão racial em São Paulo, foi fundamental para estudos posteriores sobre a integração do negro na estrutura de classes. Segundo esse autor, a exclusão dos negros na primeira etapa da industrialização paulista em 1930 foi consequência de uma política governamental de incentivo à imigração. A imigração teve um duplo papel na emergente sociedade capitalista no Brasil: dissociar o trabalho livre do trabalho escravo; e melhorar o perfil étnico-racial do País.

A onda de imigração do início do século XX não gerou os mesmos impactos nos demais estados do Sudeste (Rio de Janeiro e Minas Gerais) e tampouco no Nordeste do País. Para Hasenbalg (1999), essa interpretação deve incorporar um fenômeno importante que contribuiu para a inserção tardia dos negros ao ambiente urbano-industrial da época: a maioria dos negros se concentrava em regiões economicamente menos dinâmicas, como Norte e Centro-Oeste. Fora do Sudeste, brancos, pretos e pardos permaneceram, em sua maioria, ligados à agricultura, no período de 1940 a 1950. Essa situação, articulada às desigualdades de educação e renda, influenciou decididamente a distribuição dos grupos raciais nos estratos ocupacionais que emergiram com a industrialização.

O argumento otimista de que o desenvolvimento, no Brasil, de uma sociedade de classes poderia favorecer a integração social do negro não se cumpriu. Se na sociedade escravista o direito de posse sobre o escravo e a violência do proprietário foram suficientes para garantir a dominação sobre os negros, na sociedade de classes, ao se tornarem todos iguais perante a lei, "foi preciso desenvolver mecanismos sociais que assegurassem, em nome da desigualdade natural, a acomodação dos negros ao sistema de posições e vantagens assimétricas" (HASENBALG, 2005).

A atribuição de qualidades negativas ao negro, por meio do racismo, é entendida como um mecanismo de dominação que pretende manter os privilégios do grupo branco na estrutura social. O mercado de trabalho foi fundamental para garantir a disponibilidade de mão de obra farta e barata e para perpetuar uma cultura que, por meio de práticas discriminatórias e da violência explícita ou simbólica, tem limitado as oportunidades dos negros no processo de mobilidade social. "O racismo como mecanismo de seleção social coloca os brasileiros não brancos em desvantagem no processo competitivo de mobilidade social individual e os confina à base da hierarquia social". A discriminação racial tem um efeito perverso mais grave: faz com que os negros regulem suas aspirações aos estereótipos culturalmente aceitos, que definem um 'lugar dos brancos' e um 'lugar dos negros' na estrutura social. No mercado de trabalho, o racismo funcionou e continua funcionando como um instrumento de desqualificação dos negros para o trabalho, reservando a esses os postos mais precários e mal remunerados. Essa situação persiste até hoje.

Após analisar a situação do trabalho no Brasil no final do século XX, o Departamento Intersindical de Estatística e Estudos Socioeconômicos (DIEESE) divulgou, em 2001, informações importantes sobre as diferenças entre brancos e negros no mercado de trabalho até aquele momento. O estudo analisou e comparou dados da Pesquisa de Emprego e Desemprego (PED) nas regiões metropolitanas de Belo Horizonte, Distrito Federal, Porto Alegre, Recife, Salvador e São Paulo e mostrou que a população negra, na época 41,3% do total da população em idade ativa, estava em condições desfavoráveis sob vários aspectos do mercado de trabalho. Em relação à inserção na estrutura produtiva, além de ingressarem mais cedo no mercado de trabalho, os negros também demovam mais para se aposentar. "As dificuldades para a manutenção e reprodução das famílias negras implicam o ingresso precoce de seus membros no mercado de trabalho, [...]."

Na faixa etária mais produtiva, de 25 até 39 anos de idade, a participação dos negros não é tão elevada como nos casos dos jovens e dos trabalhadores deste mesmo grupo com mais de 40 anos. Sobre as taxas de desemprego, apesar de a diversidade dos valores de uma região para outra, os negros apresentaram uma taxa de desemprego maior se comparados aos brancos. Quanto à qualidade de inserção, a pesquisa demonstrou que os negros são a maioria em empregos desprotegidos, sem carteira assinada, como o trabalho doméstico. Sobre a posição na ocupação, verificou-se que os negros são minoria nos patamares mais elevados da estrutura ocupacional, como cargos de chefia e direção. Fica visível que os negros têm mais dificuldade de ascensão nas organizações. Os trabalhadores negros estão mais sujeitos às piores condições de trabalho – extensão da jornada de trabalho e falta de estabilidade no emprego. Analisando a renda, o documento revela que "a ponta mais visível e incontestável do racismo encontra-se quando são analisados os rendimentos do trabalho". Os trabalhadores negros têm remunerações substancialmente mais baixas, no conjunto das regiões estudadas.

A partir dos aspectos apontados, é possível visualizar no mercado de trabalho as desigualdades de gênero e, em especial, a situação mais vulnerável da mulher negra. A definição e a utilização do conceito de "gênero" procuraram, inicialmente, ressaltar o caráter social e relacional das distinções baseadas nos sexos e das relações socialmente construídas em distintas sociedades. O uso do termo foi fundamental para analisar a articulação dos papéis sexuais de homens e mulheres, ao longo da história, e descobrir como esses papéis se articularam para manter ou transformar uma determinada ordem social. Pretendeu-se tirar do plano biológico uma questão que integrava a esfera das Ciências Sociais.

> A base biológica da sexualidade é sempre culturalmente vivenciada através de uma tradução. Os fatos biológicos nus da sexualidade não falam por si próprios; eles devem ser expressos socialmente. Sente-se o sexo como individual, ou pelo menos privado, mas estes sentimentos sempre incorporam papéis, definições, símbolos e significados dos mundos nos quais eles são construídos. (SAFFIOTI, 1992)

Diferente do sexo, o gênero é uma categoria social e relacional do feminino e do masculino. As relações de gênero integram a dinâmica das relações sociais marcadas pela desigualdade da distribuição de poder que se verifica entre homens e mulheres.

No campo teórico, ao se tratar o gênero como uma categoria das Ciências Sociais, a tendência foi generalizar e reduzir a complexidade da questão, impondo explicações causais para todos os fenômenos sociais. Desta forma, o termo gênero foi utilizado ora para descrever, sem explicar, esses fenômenos, ora como substituto para o termo "estudo sobre as mulheres".

No entanto, a partir da década de 1980, a maioria dos trabalhos sobre a problemática das mulheres utilizava "relações de gênero" como eixo de análise para demonstrar o significado neutro e objetivo do termo, além de buscar desvinculá-lo da conotação política (e, para muitos autores, marginalizada) adotada pelos movimentos feministas. Tratar da questão das mulheres é reconhecer a existência isolada do universo masculino e do universo feminino, sem considerar a construção social dos papéis definidos para homens e mulheres. Ou seja, o estudo das mulheres implica, consequentemente, o estudo dos homens. Buscou-

-se, assim, promover a legitimidade institucional deste conceito para os estudos feministas da época.

Neste campo teórico, há várias críticas às tentativas de universalizar o gênero como categoria, e de se criar modelos de análise que pretendem classificar as mulheres por meio de uma determinada representação social, portadora de uma identidade comum. Sorj (1992) já havia manifestado preocupação sobre essa ideia, quando escreveu o artigo "O feminismo na encruzilhada da modernidade e pós-modernidade". Para essa autora, a construção das relações sociais de gênero articula três concepções teóricas sociais modernas: a universalidade do gênero; a visualização das mulheres como atores políticos a partir do gênero, desconsiderando outras dimensões; e a construção de utopias libertárias, comuns a todas as mulheres.

> Existe uma identidade coletiva de mulheres que perpassa diferentes culturas, comunidades, sociedades? Esta questão não me parece pertinente apenas hoje, quando se observa um declínio substancial da visibilidade do movimento feminista internacionalmente. Sua relevância refere-se à maneira pela qual, muitas vezes, a teoria feminista abordou a questão da identidade coletiva das mulheres, depurada das histórias específicas, dos contextos particulares que moldam as percepções que se tem de si mesmo e dos outros que se pretende diferenciar. [...] No Brasil, especialmente, esta identidade uniforme pareceu sempre muito distante; e paradoxalmente, quanto mais disseminado se encontrava o movimento, mais prosperavam identidades "sobrenomeadas": mulheres rurais, mulheres sindicalistas, mulheres negras, mulheres católicas.

Butler (2003) avança um pouco mais em sua crítica, ao afirmar que os debates feministas contemporâneos sobre os significados do conceito de gênero levam repetidamente à sensação de um problema, como se sua indeterminação pudesse comprometer o sucesso do projeto feminista. Os domínios da representação política e linguística foram necessários para promover a visibilidade política das mulheres; no entanto, o próprio sujeito das mulheres não é mais compreendido em termos estáveis ou permanentes. A hipótese de haver uma base universal para o feminismo, mesmo em culturas diferentes, conduz à noção de existência de uma forma singular e universal de opressão. A noção de patriarcado universal é limitada, pois desconsidera os contextos culturais concretos nos quais as relações entre homens e mulheres são mantidas. A unidade de sujeito acaba gerando uma recusa, entre as próprias mulheres, de se identificarem com essa categoria.

> Se alguém "é" uma mulher, isso certamente não é tudo o que esse alguém é; o termo não logra ser exaustivo, não porque os traços predefinidos de gênero da "pessoa" transcendam a parafernália específica de seu gênero, mas porque o gênero nem sempre se constituiu de maneira coerente ou consistente nos diferentes contextos históricos, e porque o gênero estabelece interseções com modalidades raciais, classistas, étnicas, sexuais e regionais de identidades discursivamente constituídas. Resulta que se tornou impossível separar a noção de "gênero" das interseções políticas e culturais em que invariavelmente ela é produzida e mantida. [...] Fazer apelos à categoria das mulheres, em nome de propósitos "estratégicos", não resolve nada, pois as estratégias têm significados que extrapolam os propósitos a que se destinam. [...] Pode ser que o problema seja mais sério. Seria a construção da categoria das mulheres como sujeito coerente e estável uma regulação e reificação inconsciente das relações de gênero?

Foi a partir deste debate que os primeiros estudos sobre mulher e trabalho no Brasil centraram as explicações sobre as desigualdades de gênero a partir de duas ideias: a primeira visão, centrada na teoria do mercado de trabalho, afirmava que a inserção feminina no mundo do trabalho acontece, geralmente, a partir da ocupação de empregos mais precários e vulneráveis, geralmente em empresas de pequeno porte. Aos homens estariam reservados os trabalhos mais qualificados, em grandes empresas. A outra visão pressupõe a esfera da reprodução como o lugar da mulher, e a da produção o lugar do homem. A subordinação observada no espaço doméstico se reproduz na esfera produtiva.

A vivência do trabalho implica, para as mulheres, a combinação dessas duas esferas, seja pelo entrosamento, ou pela superposição. A divisão sexual do trabalho indicaria as diferenças de posicionamento de homens e mulheres na estrutura ocupacional. As mulheres, geralmente, ocupam os postos que possuem tarefas rotineiras, predominantemente manuais. Essa determinação seria resultado do processo de socialização diferenciada entre os sexos, constituindo os gêneros masculinos e femininos. A socialização significa, para as mulheres, a aprendizagem de um conjunto de condicionamentos sociais que as prepara para a esfera privada, ou seja, para a reprodução. Esse destino não significa que as mulheres sejam excluídas do mercado de trabalho. Ao contrário, ela dá origem a uma mão de obra com características peculiares, diferentes da masculina.

Spindel (1983), ao estudar o trabalho feminino na indústria do vestuário, parte do pressuposto de que o capital serve-se das diferenças da força de trabalho, naturalizando-as e acentuando-as. Essa autora descreve as mulheres como trabalhadoras de menor valor, utilizadas pelo capital como excedente de mão de obra e submetidas a altas taxas de exploração. A divisão sexual do trabalho representa um importante *locus* das relações de gênero, pois retrata as diferenças de posicionamento de homens e mulheres na estrutura produtiva. Para as mulheres estão destinados os postos de trabalho mais rotineiros e predominantemente manuais, o que influenciou a manutenção, nas fábricas, da submissão feminina na hierarquia fabril e, consequentemente, desvantagens em termos de remuneração. Segundo Kergoat (1986), quanto mais o trabalho assalariado se assemelha ao trabalho doméstico, como, por exemplo, a limpeza da casa, mais ele é desvalorizado e menos remunerado.

Neves (1983), ao analisar a condição feminina das operárias do setor têxtil em Minas Gerais, concluiu que havia uma extensão das relações de parentesco na fábrica que reproduziam a denominação da mulher na família, reforçando a ideologia do patriarcado. A fábrica apelava para as condições de docilidade das mulheres para mantê-las em atividades subordinadas aos homens. O lugar da mulher era definido por suas habilidades "naturais". Elas estavam em maior número nos setores de fiação, tecelagem, bobinas e outros. No entanto, com a modernização de algumas indústrias, exigiu-se um trabalho mais qualificado. O treinamento tradicional da mulher no interior do lar para trabalhos realizados com agulha e linha, com custo social extremamente baixo, começou a perder a sua utilidade.

De acordo com Hirata (2002), não é por acaso que as indústrias de processo contínuo[8] utilizam a mão de obra masculina, e as indústrias tayloristas, mão de obra feminina. A execução fragmentada e padronizada, sob a forte pressão do tempo, caracteriza as funções femininas na indústria de transformação.

Mesmo ocupando setores de ponta, como o da Eletrônica e da Informática, em que as tarefas não correspondiam àquelas desenvolvidas na esfera privada, as mulheres sempre realizaram tarefas ligadas às suas "habilidades naturais": paciência, minuciosidade, delicadeza e destreza manual. Rodrigues (1992), em pesquisa realizada em cinco fábricas da Grande São Paulo, no início da década de 1990, concluiu que existe uma qualificação feminina, produto de um longo trei-

[8] Entende-se por processo contínuo de produção as atividades industriais nas quais o processo produtivo ocorre de maneira contínua, sem interrupções, podendo operar por 24 horas, ou seja, em três turnos ou mais, em função da natureza do que é produzido. Geralmente, é utilizado na fabricação de matérias-primas. A indústria siderúrgica, por exemplo, utiliza essa forma de organização no seu processo produtivo.

no durante a vida. No cotidiano da fábrica é possível perceber essas assimetrias. Em primeiro lugar, homens e mulheres não desempenhavam as mesmas tarefas. Em segundo lugar, todas as mulheres executavam bem tarefas semelhantes às atividades da casa. Mas apesar desta constatação, a autora considerou em seu trabalho as atividades domésticas distintas do trabalho feminino no espaço fabril. O trabalho doméstico é repleto de variações e exige constante replanejamento. Se, por exemplo, um membro da família adoece, todas as prioridades são revistas. O processo de trabalho e os instrumentos utilizados são totalmente definidos pela executante.

Na perspectiva das relações de gênero, o lugar da mulher no espaço da fábrica é definido pela divisão sexual do trabalho, que acaba afetando as relações de trabalho. Estas, marcadas pelas relações de poder entre patrão e empregado, são afetadas pelas relações de poder entre os sexos. Moser (1984) observou que, em uma fábrica de malhas de Santa Catarina, a gerência realizava concursos de beleza para eleger a rainha e a princesa dos círculos de controle de qualidade[9]. As práticas de controle de conflitos nas relações de trabalho, tanto em nível individual como coletivo, incorporam o conceito de gênero. Os primeiros estudos sobre a vivência feminina das relações de trabalho buscaram compreender a dinâmica do comportamento das mulheres e as estratégias patronais.

Souza-Lobo, Humphrey & Moyses (1986) analisaram a prática invisível das operárias metalúrgicas de São Bernardo, a partir da emergência do Novo Sindicalismo: as principais reclamações das trabalhadoras eram sobre a discriminação sexual no trabalho – que começava no momento da admissão. Esses autores identificaram as práticas cotidianas no interior das fábricas, organizadas ora individualmente, ora por grupos informais. Eram comuns práticas como redução dos ritmos de produção e permanência maior fora do posto de trabalho. Essas estratégias revelam que as relações de trabalho, permeadas pelas relações de poder entre atores sociais que ocupam papéis opostos e complementares e que atuam a partir de suas representações do feminino e masculino, configuram-se em um momento peculiar para o estudo das relações de gênero.

Souza (1993), motivada pela mesma questão – descobrir o lugar da mulher na indústria tradicional – analisou as características da mão de obra feminina nas fábricas de calçados em duas cidades mineiras: Belo Horizonte e Nova

[9] Uma das técnicas de produção do modelo japonês de gestão. Esse modelo pressupõe um conjunto de mudanças nas formas de produção, nos paradigmas tecnológicos, na divisão social do trabalho, na organização do trabalho e nas políticas de gestão da mão de obra.

Serrana[10]. O setor de calçados integra um conjunto de indústrias tradicionais que se destacam pelas seguintes características: baixos salários, precárias condições de trabalho, alta taxa de rotatividade e absenteísmo, e baixa taxa de incorporação de novas técnicas de produção.

Nas fábricas pesquisadas, a divisão sexual do trabalho criou espaços distintos para homens e mulheres. Nas seções de pesponto (costura dos calçados), as operárias mais qualificadas vislumbravam as chances de promoção e carreira. As pespontadeiras trabalhavam em máquinas parecidas com as máquinas de costura caseira. Seu treinamento para a função de pespontadeira era realizado no próprio local de trabalho, sob a supervisão de uma operária mais experiente. Nos setores de corte e montagem os homens eram maioria e o maquinário um pouco mais sofisticado. A maioria da mão de obra masculina foi treinada em cursos do Serviço Nacional de Aprendizagem Industrial (SENAI), antes de assumir o posto de trabalho na fábrica.

O estudo deste caso não revelou insatisfação das mulheres com a organização do processo de trabalho. Ao contrário, constatou-se que as condições físicas, salariais, de controle e o ritmo do trabalho nas fábricas impediam o desejo de ocupação em outros cargos e setores. A rede informal de relacionamento entre as mulheres nos setores femininos era um dos principais elementos para a formação e consolidação de amizades e solidariedade entre elas. Havia entre as operárias, o reconhecimento de que o trabalho sujo e pesado dos setores de corte e montagem deveria ser realizado pelos homens. Outro fenômeno interessante observado nas fábricas foi a dificuldade de as operárias aceitarem a chefia feminina, mesmo naqueles setores nos quais elas eram maioria. O discurso das trabalhadoras descrevia os cargos de comando e de gestão como "naturalmente" destinados aos homens, principalmente no espaço fabril. Os estudos que retrataram a divisão sexual do trabalho nas indústrias revelaram que homens e mulheres, além de ocuparem espaços diferenciados na produção, experimentavam de forma distinta as relações de trabalho. As reivindicações próprias do grupo feminino, como horários de trabalho mais flexíveis e construção de creches, de-

---

[10] Nova Serrana é conhecida, atualmente, como a capital mineira dos calçados. Distante 130 km de Belo Horizonte, possui aproximadamente 60 mil habitantes, dos quais 40% estão ocupados na fabricação de algum tipo de calçado. Além dos 700 estabelecimentos que fabricam calçados, a cidade se destaca pelo grande número de trabalho em domicílio na fabricação desse produto.

monstraram a preocupação das mulheres em conciliar suas responsabilidades de casa e do trabalho.

Na indústria automobilística, a entrada da mulher na produção foi limitada e criou o que Hirata (2002) chamou de "oficinas-gueto", com condições de trabalho e remuneração diferenciadas por sexo. As operárias dessas indústrias se concentraram nos setores de estofamento, cujas tarefas consistem em costurar, cortar, juntar pedaços de tecidos, de couro ou de plástico para a proteção dos bancos, ou seja, atividades tipicamente femininas. Remuneração inferior, controle hierárquico e intensidade de trabalho muito maiores parecem reservados às mulheres.

Acoplado ao desenvolvimento e à organização do trabalho fabril, o trabalho em domicílio empregou um grande número de mulheres. Ruas (1985), por exemplo, considera a subcontratação como uma forma de inserção na divisão social do trabalho, na qual uma das partes (a subcontratante) solicita à outra (a subcontratada) a elaboração ou o beneficiamento de um produto inteiro ou parte dele, sob a forma de peças ou componentes ou, até mesmo, serviço. O trabalho em domicílio[11] se insere no quadro geral da subcontratação e abrange toda atividade realizada de forma remunerada no ambiente familiar. A relação da subcontratação se expressa na distribuição das encomendas. Nesta modalidade de emprego, as mulheres estão concentradas nos setores tradicionais: têxtil, calçados, confecção e outros. Realizando atividades produtivas no espaço doméstico, a construção de uma identidade feminina desvinculada da reprodução fica mais difícil. A remuneração determinada pelo número de peças/artigos impõe o controle rígido do tempo entre atividades produtivas e as responsabilidades do lar.

Além da divisão sexual do trabalho nas fábricas, no mercado de trabalho as mulheres estão concentradas em setores específicos que demandam as características "femininas" como qualificação principal. Forma-se o que vários estudiosos das relações de gênero chamam de "guetos femininos" de trabalho: no setor de serviços – basicamente educação, serviços de assistência social e saúde, administração pública – ocupando as funções de apoio; nas atividades agrícolas,

[11] O trabalho em domicílio tem sua origem no sistema de produção conhecido como *putting-out-system*. Sistema de produção anterior à Revolução Industrial e muito difundido na Inglaterra, no qual os tecelões, fiandeiros, carpinteiros e outros artesãos trabalhavam para comerciantes em domicílio, com seus próprios instrumentos de trabalho, mas com matérias-primas e adiantamento para sua subsistência fornecidos pelos comerciantes. Na Alemanha, este sistema era denominado *Verlagsystem*.

produzindo para o consumo próprio e/ou para a família; no comércio, atuando no atendimento. O capital simbólico da família, que é gerido pelas mulheres, é transposto para o mundo do trabalho, o que afeta a decisão das mulheres no momento de escolher suas profissões. As mulheres se concentram em nichos de trabalho mais desfavorecidos – emprego doméstico e setor informal.

Há desigualdades entre a remuneração dos homens e das mulheres: as explicações econômicas para a diferenciação salarial entre os sexos apontam para as diferenças de horas trabalhadas entre homens e mulheres, a ocupação de cargos mais desqualificados na estrutura organizacional e a qualificação precária das mulheres para o trabalho. No entanto, pesquisas recentes que abordam as transformações do trabalho indicam que essas clivagens permanecem, mesmo com a alteração do perfil da mão de obra feminina. Neves (2000), analisando as assimetrias de gênero no contexto da reestruturação produtiva, observou que o movimento de inovação tecnológica desse período privilegiou a qualificação dos homens; as mulheres continuaram representativas em setores como educação, enfermagem e secretariado.

Em recente trabalho, Bruschini, Ricoldi & Mercado (2008) apontam para as persistências e os avanços da inserção da mulher no mercado de trabalho brasileiro. Essas autoras chamam a atenção para as condições que forjaram um novo perfil das trabalhadoras: a queda da taxa de fecundidade, principalmente nas cidades e regiões mais desenvolvidas; a redução do tamanho das famílias; o envelhecimento da população, com maior expectativa de vida para as mulheres (75,8 anos) em relação aos homens (68,1 anos), e o crescimento dos arranjos familiares chefiados por mulheres. As transformações demográficas e culturais reforçam o novo papel das mulheres voltado para o trabalho remunerado em função, principalmente, da expansão da escolaridade e do acesso às universidades. Desta forma, as brasileiras consolidaram um perfil voltado tanto para a casa como para o trabalho, confirmando a continuidade de modelos familiares tradicionais que sobrecarregam as novas trabalhadoras, sobretudo aquelas que têm filhos pequenos. Se na década de 1970 a maioria das trabalhadoras era jovem, solteira e sem filhos, em 2005 a maioria tinha idade mais avançada, era casada e mãe.

Um fato positivo observado em período recente foi o aumento considerável da participação das mulheres na população economicamente ativa.[12] Em

[12] A população economicamente ativa inclui os ocupados (nos setores formal e informal) e os desocupados (aqueles que estão em busca de uma nova colocação).

2005, de cada 100 trabalhadores ocupados ou em busca de trabalho, 40 eram mulheres. (BRUSCHINI; RICOLDI & MERCADO, 2008)

Outro avanço destacado por pesquisas recentes foi o aumento da participação das mulheres em setores mais dinâmicos e em profissões de maior prestígio social, como Medicina, Direito e Engenharia. No entanto, as mulheres continuam presentes em ocupações mais precárias, como o trabalho não remunerado ou aquele exercido para o consumo próprio, principalmente se considerarmos as diferenças regionais em nosso País.

Cyrino (2010) afirma que, além das persistências nos setores ocupados, a mulher no mercado de trabalho brasileiro continua sujeita a uma 'segregação vertical' que limita sua possibilidade de ascensão na hierarquia organizacional. As mulheres são cada vez mais raras nos altos escalões das empresas. As barreiras que se impõem a elas no processo de mobilidade ocupacional estariam relacionadas à metáfora do 'teto de vidro': um conjunto de barreiras "artificiais, criadas por preconceitos de ordem comportamental ou organizacional que impedem indivíduos qualificados de avançar na hierarquia organizacional".

O conceito de 'teto de vidro' enfatiza a cultura e o comportamento organizacional compartilhado por empregados e gestores que visam 'constranger', de forma não institucionalizada, a ascensão das mulheres a postos mais estratégicos das organizações. No entanto, além dos impedimentos intraorganizacionais, é necessário avaliar os aspectos individuais e sociais como, por exemplo, a dimensão da ocupação do espaço privado. Neste sentido, a persistência das desigualdades das atribuições domésticas continua influenciando o desempenho das mulheres no mercado de trabalho.

Os inegáveis avanços experimentados pelas mulheres não foram compartilhados por todo o grupo na mesma proporção. Assim, voltamos à complexidade de analisar gênero e trabalho em uma perspectiva mais homogênea. A categoria gênero, tomada como universal, torna invisível as desvantagens das mulheres negras frente aos avanços percebidos ao longo do tempo pelas mulheres no geral. Como, então, tratar em conjunto categorias marcadas por contradições distintas? Como é possível articular gênero e raça para se compreender a condição feminina no mundo do trabalho?

Saffioti (2004) afirma que o mais importante neste ponto é analisar como as contradições presentes nestas três categorias formam o que a autora chamou de um "nó", que assume características específicas de acordo com as circunstâncias históricas em que são analisadas. Desta forma, esse novelo gênero/raça/

trabalho não deve ser compreendido como uma estrutura fixa, mas como subestruturas historicamente construídas.

Os primeiros trabalhos de investigação que procuraram analisar a inserção da mulher negra no mercado de trabalho no Brasil enfrentaram inúmeras dificuldades, principalmente no campo dos dados oficiais. Um exemplo é a não inclusão do quesito cor nos levantamentos oficiais de alguns anos e o número reduzido de análises distintas para os dois grupos de mulheres. Silva & Lima (1992) realizaram uma pesquisa sobre o tema, com dados da PNAD de 1987. Uma das primeiras conclusões do trabalho é a constatação de que a escolaridade era um fator favorável à participação da mulher no mercado de trabalho. No entanto, as mulheres negras, devido às suas condições socioeconômicas desfavoráveis, ingressavam no mercado de trabalho da época com uma escolaridade inferior. Quanto à idade de ingresso, as mulheres negras e pardas apresentaram as taxas mais elevadas de participação (52,5% com idade até 19 anos). Ao contrário de outros grupos, a mulher negra ingressa mais cedo no mercado de trabalho.

Sobre a ocupação dos postos de trabalho, Bairros (1991) já havia concluído, em uma pesquisa sobre o trabalho feminino na Bahia, no período de 1950 a 1980, que as mulheres negras apresentavam vantagem numérica sobre as mulheres brancas apenas no emprego doméstico. No entanto, todos os dados apontam para uma maior precariedade do trabalho da mulher negra. Em 1990, o percentual de domésticas brancas com carteira assinada era de 21,4%[13], enquanto o percentual de negras era de 17,1%. Analisando gênero e raça no setor informal do Brasil, no início da década de 1990, é necessário realizar uma análise regional: no Nordeste, com exceção de Salvador, a diferença entre mulheres negras e brancas ocupadas no trabalho doméstico é menor que nos grandes centros urbanos. O destaque vai para a cidade do Rio de Janeiro que, neste caso, apresenta a maior diferença (42% de brancas com carteira e 24% de negras). Na ocupação por ramo de atividades, as mulheres negras seguiam o padrão de ocupação do trabalho feminino no geral – as mulheres estavam concentradas nos setores de serviços, social e comércio.

Quanto aos grupos ocupacionais, o corte de raça ajudou a compreender melhor a situação da mulher negra. Nas atividades técnicas, científicas, artísticas e assemelhadas, estas representam a menor taxa de ocupação, variando entre 5,3% e 9,5% do total de mulheres empregadas. As mulheres negras constituem

[13] Dados da PNAD.

um grupo com as maiores dificuldades para ascensão a postos de trabalho mais bem localizados na estrutura ocupacional.

As desigualdades de gênero e raça não são reveladas apenas por dados estatísticos. Algumas políticas organizacionais, principalmente aquelas vinculadas à gestão de recursos humanos, tendem a discriminar as mulheres negras, excluindo-as de alguns postos de trabalho no momento do recrutamento e seleção. Bento (2000), ao examinar os mecanismos institucionais de racismo no mercado de trabalho, afirma que, nas funções para as quais são exigidos atributos estéticos (como vendedora, recepcionista e secretária), as mulheres brancas estão representadas de quatro a cinco vezes mais que as mulheres negras. A exigência de "boa aparência" nestes processos esconde uma clara rejeição aos atributos físicos das mulheres negras, principalmente aos cabelos. Nestes casos, a "boa aparência" é sinônimo de 'cor clara'. Segundo essa autora, o cabelo crespo dos negros é o atributo que mais incomoda os brancos no aspecto físico dos negros. Mesmo o setor de serviços, reduto do trabalho feminino, discrimina as mulheres negras, destinando-lhes os postos mais mal remunerados e pouco valorizados. (DIEESE, 2004)

A questão acima nos remete às formas veladas de racismo que existem na sociedade brasileira e que se manifestam por mecanismos sutis, às vezes difíceis de serem percebidos. No imaginário social brasileiro há "um lugar para o negro" e "um lugar para o branco". Uma das formas de perceber a distinção dos lugares é observar o "estranhamento" de ver um negro ou uma negra fora do seu lugar. A maioria da população estranha quando vê negros em postos de comando, em cargos de chefia, em altos cargos da esfera pública, do Legislativo, do Judiciário e assim por diante. Sobre a questão do negro como lugar, Santos (1995) afirma que as coordenadas para fixar o negro em determinados espaços seriam: o fenótipo (crioulo), a condição social (pobre), o patrimônio cultural (popular), a origem histórica (ascendência africana) e a identidade – (auto)definição e definição pelo outro.

No mercado de trabalho, as mulheres negras vivenciam uma dupla discriminação, de gênero e raça. Articulados e silenciados, o preconceito e a discriminação contra as trabalhadoras negras reforçam essa demarcação de espaços e dificultam o desenvolvimento profissional e pessoal deste grupo. Em contextos de crises do mercado de trabalho, esse é o grupo mais vulnerável, com maiores dificuldades de acesso aos processos de desenvolvimento profissional nas empresas.

Para Hasenbalg (2005), a população negra no mercado de trabalho no Brasil está sujeita aos mecanismos de dominação de classe que afetam outros grupos. No entanto, os negros sofrem, ainda hoje, uma discriminação peculiar por causa da sua condição racial. Sansone (1993), em uma pesquisa realizada no polo petroquímico de Camaçari e em um bairro de Salvador, concluiu que há uma divisão no mercado de trabalho local que classifica o que é trabalho dos negros e dos não negros. As ocupações se diferenciam de acordo com a raça/cor. Segundo esse autor, o discurso dos entrevistados apontava o lugar dos "pretos" (negros sem qualificação), dos "escuros" (negros qualificados) e daqueles que se autodenominavam negros e possuíam qualificação.

Algumas expressões populares utilizadas de forma preconceituosa procuram diferenciar o trabalho de negros e não negros. Desta forma e de maneira oportuna, Silva (2001) utilizou a expressão "Serviço de branco, Serviço de Preto" para demonstrar que, no imaginário da população, o trabalho de um branco é qualificado, limpo e bem-feito. O trabalho do negro é desqualificado, sujo e mal feito.

Para Osório (2004), a acumulação de desvantagens causadas por ser negro no Brasil comprova a existência de barreiras raciais no processo de mobilidade ocupacional. A "sobre-representação" dos negros nos estratos inferiores do mercado de trabalho implica desvantagem logo de partida para as novas gerações. A origem de pobreza, a ocupação dos pais e a dificuldade de acesso à educação e à qualificação limitam a ascensão ocupacional deste grupo.

Carlos Hasenbalg (2005), utilizando os dados da PNAD de 1976, analisou a mobilidade social de brancos e negros, desdobrando seu estudo em três etapas: a mobilidade intergeracional; a influência da posição social dos pais nas realizações dos filhos; e a influência da educação no acesso ao mercado de trabalho. As principais conclusões deste estudo foram:

a) os negros experimentam um *déficit* de mobilidade ascendente – o que permite rejeitar a ideia da igualdade de oportunidades para os grupos de cor;
b) a mobilidade intergeracional mostrou que entre as pessoas nascidas no estrato mais baixo de ocupação rural, os brancos tiveram uma pequena vantagem nas chances de ascensão social;
c) os negros estavam mais vulneráveis à mobilidade descendente que os brancos;
d) os negros estavam mais concentrados nos estratos mais baixos da estrutura social;
e) o aumento do nível educacional possuía uma ação limitada para o processo de ascensão social dos negros.

Segundo Telles (2003), vinte anos depois dos primeiros estudos sobre a mobilidade ocupacional no Brasil, os trabalhos de Pastore & Valle Silva (2000), com base em dados estatísticos da PNAD, confirmaram que a mobilidade social no País estava diretamente relacionada às questões estruturais capazes de gerar novos empregos. Ao analisarem os homens brasileiros que exerciam a mesma ocupação de seus pais, esses autores concluíram que os filhos de brancos eram 12% mais propensos a exercerem ocupações de maior *status* social em comparação aos filhos de não brancos. 81% deste valor poderiam ser resultantes da diferença de escolaridade entre negros e brancos e o restante seria consequência da desigualdade racial, no momento da inserção no mercado de trabalho, independente da igualdade nos níveis de escolaridade. Esse dado confirmou que os negros têm menor capacidade de converter educação e qualificação em ascensão ocupacional.

Conforme Hasenbalg (1999), esses dados provocam a rejeição da hipótese de igualdade de oportunidades para os diferentes grupos de cor. Os padrões de mobilidade intergeracional mostraram que, entre os indivíduos nascidos nos estratos mais baixos de ocupações rurais, os brancos têm uma pequena vantagem nas chances de ascensão social. Essa vantagem aumenta nos estratos ocupacionais mais elevados. As barreiras à mobilidade social dos negros criam um confinamento deste grupo nos estratos inferiores da estrutura ocupacional e na estrutura social brasileira. Esse confinamento a postos mais desqualificados e sem condições de ascensão é uma realidade nas regiões metropolitanas no Brasil.

Para reforçar as explicações deste fenômeno, Carlos Hasenbalg & Nelson Valle Silva criaram a teoria das desvantagens cumulativas ao longo da vida. A aplicação deste modelo à questão racial demonstra que os negros brasileiros chegam ao fim do primeiro ciclo de vida (infância e adolescência) com uma razoável desvantagem educacional. Essa desvantagem tem implicações negativas no aproveitamento das oportunidades para o mercado de trabalho (fase adulta). Com dificuldades de ascensão e recebendo baixos salários, os negros, ao se aposentarem, também receberão uma contribuição previdenciária menor. "Ou seja, para aqueles que estiveram excluídos do mercado de trabalho ou sempre vinculados aos setores informais da economia restará a dependência da assistência social ou trabalhar até o fim de seus dias" (OSÓRIO, 2008). Desta forma, os autores deste modelo confirmam que a origem social e a discriminação racial interagem nos processos de mobilidade social.

Mesmo com a evidência de barreiras que limitam a ascensão social dos negros no mercado de trabalho, alguns indivíduos deste grupo alcançam postos de destaque em organizações públicas e privadas no Brasil. São poucos os estudos acadêmicos que tratam da ascensão dos negros e da formação de uma classe média negra no contexto contemporâneo. Figueiredo (2002) analisou como a experiência da mobilidade para os indivíduos deste grupo contribui, ou não, para o reconhecimento de uma identidade racial. A autora concluiu que, ao ascender socialmente na estrutura social, os negros adotam um novo estilo de vida reconhecido como decorrente da 'cultura branca'. Esses profissionais foram identificados como "negros de alma branca" ou "negros embranquecidos" por estarem distantes do seu 'lugar social'. No entanto, a autora identificou nas entrevistas da pesquisa o orgulho da cor e da ascendência negra, o que demonstrou "um orgulho étnico-racial que não se choca com o projeto de ascensão". Na verdade, foi no processo de ascensão que muitos dos entrevistados redescobriram e incorporaram elementos da cultura negra.

O trabalho de Ângela Figueiredo (2002) reforça a necessidade de se aprofundar os estudos sobre a trajetória profissional de negras e negros que ultrapassam as barreiras raciais no processo de ascensão ocupacional, distanciando-se daquelas condições que marcam as desigualdades raciais no Brasil.

A ascensão de negros e mulatos no Brasil, inicialmente, fortaleceu a tese da inexistência de preconceito racial no País. Um dos seus principais formuladores foi Pierson (1945), que afirmava que a ausência de preconceito racial poderia ser explicada pela falta de concorrência entre brancos e negros. O lugar do negro é aquele que não ameaça o lugar do branco. Quando a disputa se estabelece, o preconceito racial vem à tona. Essa constatação pode ser observada em todos os campos sociais, inclusive no demográfico. Em qualquer disputa, ser ou não ser negro é uma variável importante. De acordo com Silvério (2005), a raça é um operador permanente de desigualdades de oportunidades e as relações raciais devem ser consideradas como manifestações de estratificação e de conflito que se desenvolvem em busca de recompensas sociais – poder, riqueza e prestígio.

É neste contexto, desfavorável aos negros, que os grupos discriminados iniciaram suas lutas por reconhecimento social e pelo estabelecimento de políticas públicas de combate à discriminação racial. (COSTA NEVES, 2005)

Reconhecimento e identidade racial

O tema reconhecimento ganhou projeção a partir da década de 1960, quando os movimentos sociais passaram a destacar a identidade como um dos principais elementos de mobilização social. A limitação do ideal marxista de realizar o objetivo de justiça social e enquadrar as questões culturais na luta de classes contribuiu para que o reconhecimento ganhasse prioridade sobre a redistribuição. Segundo Fraser (2007), há algum tempo observa-se uma divisão de orientação dos movimentos sociais mais comprometidos com a justiça: aqueles que defendem a redistribuição igualitária de bens, recursos e direitos como central para a redução das desigualdades sociais; e aqueles que acreditam na importância da afirmação do respeito igualitário, observando-se as diferenças de raça, gênero, etnia e orientação sexual dos grupos sociais. Para aqueles que defendem o reconhecimento, o conjunto de injustiças sociais seria fruto de padrões hierárquicos criados a partir da valorização cultural do grupo dominante, o que dificultaria o desenvolvimento e o acesso a recursos, direitos e oportunidades pelos demais grupos. (BRESSIANI, 2011)

O reconhecimento pode ser compreendido como autoestima, o que reforça a existência de uma identidade social compartilhada que deve ser valorizada em seu conjunto, para que o grupo marginalizado possa romper com a exclusão social. O reconhecimento como identidade é fundamental para o engajamento do sujeito na luta contra as injustiças sociais. (PINTO, 2008) Já o reconhecimento como *status* social rompe com a ideia da necessidade da recomposição da identidade e reforça a importância da condição dos membros dos grupos como parceiros de outros segmentos na interação social. Nesta visão, o não reconhecimento não significa a negação da identidade, mas a subordinação social ou privação de oportunidades que a sociedade viabiliza. (FRASER, 2007)

A polarização entre redistribuição e reconhecimento, que acabou por gerar tensões e disputas entre os dois lados, além de falsa, não contribui para a ampliação da justiça social. É necessária a conjunção de uma política capaz de reduzir as diferenças econômicas e uma política cultural de reforço das identidades sociais. "Justiça, de hoje, requer tanto distribuição quanto reconhecimento; nenhum deles, sozinho, é suficiente".

Apesar desta ideia, as lutas por reconhecimento ficaram para segundo plano no campo das Ciências Sociais, desconsiderando-se sua capacidade transformadora e seu potencial para reduzir as dissimetrias sociais, por meio de três princípios básicos: o amor, na esfera privada; a igualdade, no campo dos direitos estabelecidos, e a solidariedade, nas interações sociais. As lutas por reconhecimento buscam eliminar padrões sociais de comportamento e interpretação cristalizados na sociedade e permeados por preconceitos e estereótipos negativos.

Desta forma, combinando ações para combater as injustiças socioeconômicas e culturais, as lutas por reconhecimento implicariam o estabelecimento de um *status* social igualitário que permitiria que todos fossem reconhecidos como parceiros na interação social. (FRASER, 2007)

Outros autores (Young, 1997; Honneth, 2003; Neves, 2005) destacam a importância da construção da identidade para as reivindicações coletivas e para a luta contra as desigualdades sociais. A concepção de uma identidade negra nasce do desejo de apagar do imaginário social o estigma do negro incivilizado, inferiorizado em função do seu passado de escravidão. Ao se tornar escravo, privado de sua liberdade e imerso na cultura branca, o negro se percebeu como inferior. "É importante perceber a profundidade de tal angústia identitária. Brancos e negros formam uma identidade em oposição complementar, isto é, ambos profundamente alienados em mitos racistas." (NUNES, 2010). O movimento pró-identidade racial busca, desta forma, a valorização da cultura africana e a afirmação da África como berço da humanidade e referencial positivo de identificação.

A identidade racial é definida como pertencimento a um grupo que possui um passado em comum e compartilha elementos culturais, sociais e simbólicos. É nesta identidade racial que os negros reconhecem as diferenças entre eles e os outros. (FIGUEIREDO, 2002) Além do passado de escravidão, o presente de discriminação marca a identidade negra no Brasil. Autores como Kamel (2006) e Fry (2006) afirmam que insistir na existência da 'raça' ou de uma identidade negra no Brasil é alimentar o ódio racial, o que poderia desencadear sérios conflitos. No entanto, negar a existência da raça é desconsiderar a existência do racismo. É transformar a desigualdade racial em um problema de (auto)aceitação e de adaptação a uma sociedade que cotidianamente discrimina aqueles de cor negra. (GUIMARÃES, 2005)

A identidade negra incorpora elementos do passado de escravidão e do presente de discriminação. É nesta concepção de identidade racial que o movimento negro brasileiro se apoia para combater as disparidades raciais no País. Não se trata de uma estratégia de reificação de diferenças, mas de sua (re)significação, tornando positiva uma identidade considerada socialmente degradada, que transforma o estigma em orgulho e abre a possibilidade para que o negro discriminado reconheça a sua condição social. (NEVES, 2005)

A valorização da identidade racial pelo movimento negro brasileiro a partir dos anos 1970 não resultou na redução das disparidades raciais no Brasil. Foi necessário combinar ações de reconhecimento e reivindicações por uma melhor redistribuição dos recursos e oportunidades. É a partir da década de 1980 que os militantes negros, inseridos nos movimentos sociais e nos partidos políticos de esquerda, passam a defender a necessidade de adoção de políticas públicas e de ações afirmativas com potencial para reduzir as desigualdades raciais no País.

A expressão 'ação afirmativa' foi utilizada pela primeira vez nos Estados Unidos, na década de 1960, quando o governo Kennedy trabalhava no sentido de reduzir as práticas de segregação racial naquele país. (SANTOS, 2007) As ações afirmativas possibilitaram a mobilidade social dos afro-americanos e favoreceram a consolidação de uma classe média negra representada pela entrada desses indivíduos em universidades conceituadas e, posteriormente, pela ocupação de postos estratégicos em organizações públicas e privadas. (MUNANGA, 2003)

Tais ações visam compensar os negros e outras minorias das desvantagens acumuladas no presente em função do passado, promovendo ações sociais no campo da educação, do trabalho e da saúde, entre outros, com igualdade de oportunidades para todos os indivíduos. As políticas de ação afirmativa admitem uma perspectiva de reparação e, ao mesmo tempo, um caráter de compensação voltado para corrigir males do presente que poderiam comprometer o futuro dos jovens negros. (MARTINS, 2005) Ao garantir igualdade de oportunidades individuais, essas ações tornam crime qualquer forma de discriminação.

CAPÍTULO 2

A POPULAÇÃO NEGRA NO MERCADO DE TRABALHO DA REGIÃO METROPOLITANA DE BELO HORIZONTE

Considerações Metodológicas

No campo da sociologia quantitativa, as pesquisas sobre a posição dos negros no mercado de trabalho no Brasil têm um significado especial para a análise da desigualdade racial. A proliferação destes estudos apontava para as condições desiguais de inserção, de renda e ocupação dos postos de trabalho entre brancos e negros. O 'Mapa da população negra no mercado de trabalho'[14], publicado em 1999, incentivou diversas outras pesquisas que mostravam que o Brasil, apesar de ser considerado o país da 'democracia racial' e sem nunca ter adotado um regime de segregação legal, apresentava contundentes desigualdades sociais entre brancos e negros. Este e outros estudos foram fundamentais para embasar e justificar políticas públicas e ações afirmativas com recorte racial, e para o fortalecimento de organizações sociais voltadas para o combate ao racismo.

Para os objetivos propostos neste trabalho, optou-se por apresentar primeiramente um panorama sobre a situação dos negros no mercado de trabalho da Região Metropolitana de Belo Horizonte. Para isso, foram utilizados os dados a Pesquisa Nacional por Amostra de Domicílios (PNAD), desenvolvida pelo

[14] Trabalho realizado pelo Instituto Sindical Interamericano pela Igualdade Racial (INSPIR), pelo Departamento Intersindical de Estatística e Estudos Socioeconômicos (DIEESE) e pela *American Federation of Labor and Congresso of Industrial Organization* (AFL-CIO), em parceria com as centrais sindicais brasileiras CUT, CGT e Força Sindical e organizações ligadas aos movimentos sociais como o Centro de Estudo das Relações de Trabalho e Desigualdades (CEERT). Foi realizada uma pesquisa, em 1998, nas principais regiões metropolitanas do País: São Paulo, Salvador, Recife, Belo Horizonte, Porto Alegre e Distrito Federal. Este trabalho possibilitou a construção de um cenário geral da situação da população negra no mercado de trabalho brasileiro.

Instituto Brasileiro de Geografia e Estatística (IBGE), que reúne informações sobre gênero e raça, que resultaram na análise comparativa da situação dos negros e brancos no mercado de trabalho da RMBH no período de 1999 a 2009. A PNAD é uma pesquisa amostral domiciliar, de periodicidade anual, exceto em anos de Censo Demográfico (apesar de não ter sido realizada, excepcionalmente, em 1994). Seu principal objetivo é captar mudanças estruturais e conjunturais do mercado de trabalho brasileiro (JANNUZZI, 2001). A Pesquisa Nacional foi utilizada em função da possibilidade de trabalhar com a variável 'pessoa ocupada em posto de chefia'.

No Brasil, segundo Garcia (2005), a inclusão da questão racial nas estatísticas oficiais enfrentou várias dificuldades. As primeiras pesquisas censitárias realizadas em 1900 e 1920 não solicitaram informações sobre a cor da população. Esse quesito foi incluído em 1940 e 1950, mas restringiu-se em 1960 apenas ao estado do Rio de Janeiro. Em 1970, a informação sobre raça foi novamente retirada da pesquisa. Com a pressão do movimento negro, o item foi novamente incorporado a partir do censo de 1980. Na PNAD, o quesito cor/raça foi incorporado definitivamente à pesquisa a partir de 1986. "Os argumentos contrários à inclusão desse item na pesquisa estiveram ligados à ideia de existência de uma democracia racial no País, dado nosso elevado grau de miscigenação"

Os anos selecionados foram comparados levando-se em consideração indicadores de mercado de trabalho e características demográficas e ocupacionais da população ocupada; e da população ocupada em cargos de chefia.

O período de 1999 a 2009 foi escolhido por considerá-lo particularmente importante quanto às conquistas dos movimentos negros organizados e à inclusão da questão racial na agenda política nacional. Os movimentos negros nacionais se apoiaram nas discussões da III Conferência Mundial contra o Racismo, a Discriminação Racial, Xenofobia e Intolerância Correlata, realizada em Durban, na África do Sul, em 2001. O evento apontou para a necessidade de adoção de ações afirmativas e políticas públicas com recorte racial. O discurso em favor das cotas raciais para o Ensino Superior brasileiro se fortaleceu a partir deste momento. Apesar de ter se tornado um dos temas mais polêmicos sobre a redução das desigualdades sociais no Brasil, a questão das cotas para negros e indígenas nas universidades públicas brasileiras possibilitou a ampliação do debate sobre essa questão e a sua inclusão no campo político.

Segundo Santos (2007), a questão racial foi colocada na pauta dos candidatos à Presidência da República em 2002. Após ter sido eleito e tomado posse, Luís Inácio Lula da Silva, cumprindo promessas de campanha junto aos movimentos sociais, instituiu em 2003 a Secretaria de Políticas de Promoção da Igualdade Racial da Presidência da República (SEPPIR-PR). Com a SEPPIR, o Presidente Lula "ratificou oficialmente por parte do Estado a existência de discriminação contra os negros no Brasil [...] dando continuidade ao rompimento do antigo discurso oficial de que o Brasil era uma democracia racial".

É a partir de 2003 que se observa o crescimento econômico brasileiro, tendo por base o desempenho do comércio exterior, a ampliação das políticas de transferência de renda e o fortalecimento do mercado interno. De acordo com o DIEESE (2010), neste período os indicadores do mercado de trabalho apontaram melhoras quanto ao crescimento da ocupação, à queda do desemprego, à ampliação da formalização e redução da informalidade, ao aumento da renda e resultados positivos nos processos de negociação coletiva. Neste período, houve queda das importações, aumento das exportações brasileiras, manutenção e aplicação de políticas fiscais e monetárias restritivas e o controle das taxas de inflação. O fortalecimento do Banco Nacional de Desenvolvimento Econômico e Social (BNDES) foi fundamental para a desaceleração do processo de privatizações e o retorno da construção de uma política industrial para o País. (REMY, QUEIROZ, & SILVA FILHO, 2010).

No ambiente externo, as condições positivas da economia mundial, como o desenvolvimento da economia chinesa, ampliou a capacidade de exportação do Brasil que além de *commodities*[15], passou a exportar produtos manufaturados. Nestas condições foram criados mais de oito milhões de postos de trabalho, principalmente em microempresas. Deste total, 70% das vagas foram geradas nos setores de serviço e comércio. "No entanto é preciso destacar que a indústria de transformação surge como terceira maior empregadora, com recuperação acentuada a partir de 2003" (REMY, QUEIROZ, & SILVA FILHO, 2010). Este fato foi observado a partir do aumento do emprego formal na indústria de transformação e na construção civil.

---

[15] *Commodities* são produtos comerciais em estado bruto, ou com um grau mínimo de transformação. A maioria destes produtos é extraída ou cultivada. O Brasil está em 3º lugar na exportação de *commodities* e seus principais produtos são minério de ferro, petróleo bruto, carne bovina, café em grãos, soja e milho. (Fundação Centro de Estudos do Comércio Exterior, 2011)

É neste contexto de crescimento econômico e institucionalização de políticas públicas que se desenvolve a análise sobre a inserção de grupos de cor no mercado de trabalho no Brasil, com especial atenção para a ocupação dos postos de chefia por homens e mulheres, negros e brancos.

O quadro geral: gênero e raça no mercado de trabalho da Região Metropolitana de Belo Horizonte

Segundo o Mapa do mercado de trabalho da Região Metropolitana de Belo Horizonte (2010), elaborado pela Fundação João Pinheiro, de 2005 a 2009, essa região experimentou uma evolução positiva em seus principais indicadores. A persistente recuperação dos indicadores econômicos e a queda dos níveis de desemprego implicaram o aumento da demanda por trabalhadores em todos os setores produtivos desde 2004, com destaque para o aumento de postos de trabalho na construção civil e no setor do comércio.

O mercado de trabalho da Região Metropolitana de Belo Horizonte reproduz as desigualdades de raça e de gênero observadas em outras regiões do País. No período recente, houve uma melhora nos indicadores de emprego do País, para todos os grupos sociais, em função do aumento da escolaridade da população e do crescimento econômico experimentados neste período. A dinâmica do crescimento continuado em um cenário macroeconômico de relativo equilíbrio influenciou positivamente o mercado de trabalho no Brasil, melhorando os indicadores de crescimento da ocupação, queda do desemprego, aumento da formalização, redução da informalidade e aumento da massa salarial.

Apesar de esse contexto ter contribuído para a melhoria da situação dos negros no mercado de trabalho, a população negra se insere de forma mais precária neste espaço se comparada com outros grupos. No caso de as mulheres negras, esse fenômeno é ainda mais grave, pois gênero e raça se articulam, determinando uma hierarquia social que as coloca em último lugar na estrutura ocupacional do País.

Os dados fornecidos pela PNAD mostram que as pessoas que se declararam negras correspondiam a 50,5% na Região Metropolitana de Belo Horizonte em 1999 e 61,2% em 2009. Para Minas Gerais, a proporção de mulheres era de 45,6% em 1999 e 53,6% em 2009. No Brasil, os negros correspondiam a 45,3% em 1999 e 50,7% em 2009.

As mulheres, em 1999, representavam 52,2% da população residente da Região Metropolitana de Belo Horizonte, sendo 25,9% negras. Em 2009, a população de mulheres residentes da região passou para 52,9% e a proporção de mulheres negras aumentou para 31,8%. Tomando os dados relativos ao Brasil, as mulheres em 1999 eram 51,1% da população, sendo que 22,6% eram negras. Dez anos depois, a proporção de mulheres representaria aproximadamente 51,3% da população, sendo 25,4% composta por mulheres negras.

A proporção de homens residentes da Região Metropolitana de Belo Horizonte experimentou uma variação negativa de 0,8 pontos percentuais (p.p). entre os anos de 1999 a 2009. Em Minas Gerais, a variação foi negativa em 3,7 p.p. e, no Brasil, negativa em 2,7 p.p. Entretanto, houve um aumento no número de homens que se declaram negros em todos os estratos da amostra. Em Belo Horizonte passou de 24,7% para 29,4%; em Minas Gerais, de 23,2% para 26,9%, no Brasil, de 22,6% para 25,3%.

Este aumento proporcional pode estar relacionado ao aumento da (auto) declaração dos negros. Outra hipótese é que a cobertura da mídia das discussões sobre as políticas públicas com recorte racial acabou por incentivar um amplo debate acerca da situação do negro na sociedade brasileira. Este e outros fatos contribuíram para o reconhecimento, por parte de alguns indivíduos, de seu pertencimento racial, em todo o País.

Sobre a população ocupada, os dados da PNAD mostram que os negros correspondiam a 50,1% deste grupo na Região Metropolitana de Belo Horizonte, 45,5% em Minas Gerais e 44,4% no Brasil, em 1999. Dez anos mais tarde, esses percentuais passaram para 61,1%, 53,3% e 49,7%, respectivamente.

O período analisado corresponde a uma intensa atividade econômica tanto no plano externo quanto interno, o que resultou na criação de novos postos de trabalho. Para a PNAD, os ocupados são aqueles que estavam trabalhando ou de férias no momento da realização da pesquisa, ou seja, são indivíduos que estavam diretamente envolvidos em alguma atividade produtiva, recebendo diferentes níveis de remuneração.

Como esperado, os homens respondem por mais da metade da força de trabalho. Na Região Metropolitana de Belo Horizonte essa proporção era de 56,7% em 1999 e de 52,6% em 2009. Em Minas, essa proporção era de 60,1% e passou para 57,2%, enquanto no Brasil o percentual correspondia a 59,7% em 1999 e 57,7% em 2009, indicando crescimento da participação da mulher no mercado de trabalho ao longo de dez anos. A maior proporção dos negros na população ocupada revela que esse grupo ocupa os setores mais intensivos em mão de obra, como o da construção civil para homens e o serviço doméstico para as mulheres.

Ao analisar a composição da população ocupada por raça, vê-se que os negros experimentaram uma variação positiva em todos os estratos entre os anos de 1999 e 2009. A variação para os homens negros foi de 3,7 p.p., 3,2 p.p. e 2,2 p.p. para a Região Metropolitana de Belo Horizonte, Minas Gerais e o Brasil, respectivamente. Já para as mulheres negras, essa variação foi bem maior, correspondendo a 6,7 p.p., 4,6 p.p. e 3,0 p.p. para a Região Metropolitana de Belo Horizonte, para Minas e o Brasil, respectivamente.

Estudos revelam que o ingresso precoce de crianças negras no mercado de trabalho ocorre pela dependência da família da renda do trabalho de todos os seus membros. Os negros ingressam mais cedo no mercado de trabalho. Esta inserção precoce provavelmente indica que os negros irão se concentrar em trabalhos mais precários, que exigem pouca escolaridade e qualificação. Os dados sugerem que os negros permanecem por menos tempo inseridos no mercado de trabalho. Como a mobilidade ocupacional depende diretamente do nível de escolaridade, da qualificação profissional e do tempo de experiência, permanecendo por menos tempo no mercado de trabalho formal, os negros têm chances menores de ascensão profissional. (BELTRÃO, 2003) É possível perceber, no intervalo de tempo analisado, uma melhora nos números de inserção no mercado de trabalho por faixa etária. O aumento da escolaridade tem possibilitado aos negros uma forma de inserção produtiva menos vulnerável. A entrada mais tardia no mercado de trabalho de crianças e adolescentes pode estar vinculada ao sucesso das políticas de transferência de renda do governo federal para as famílias mais pobres. (SOARES; FONTOURA & PINHEIRO, 2009)

Outra abordagem oferecida pelos dados da PNAD refere-se à faixa etária da população ocupada e sua escolaridade. Pode-se dizer que quanto à faixa de idade não há diferenças significativas entre brancos e negros. Mas o que chama a atenção é a melhoria significativa da escolaridade para todos os grupos analisados, com destaque para os negros. Os dados reforçam a importância da escolaridade quando se trata de inserção e permanência no mercado de trabalho, apesar de que os negros continuam ingressando mais precocemente, se comparados aos brancos.

Ainda a respeito da escolaridade de brancos e negros, na Região Metropolitana de Belo Horizonte 15,7% da população negra ocupada, em 1999, possuíam o Ensino Médio completo, ao passo que, em 2009, esse número chegou a 27,8%. Quanto à população branca, os que possuíam Ensino Médio completo eram 23,1% em 1999 e 29,2%, em 2009.

Para os negros que possuíam apenas o Ensino Fundamental incompleto, esse percentual era de 54,8% da população metropolitana; em 2009, houve uma redução de 19,4 p.p., passando para 35,4%. Em comparação aos brancos, os que possuíam o Ensino Fundamental incompleto representavam 33,8% em 1999, e em 2009 esse número caiu para 20,8%. Em 1999, para cada 100 brancos que possuíam graduação completa, havia apenas 22 negros nesta situação. Em 2009, para cada 100 brancos com curso Superior havia 34 negros com a mesma graduação.

Estes dados sugerem uma redução das assimetrias entre os grupos e refletem o avanço das políticas educacionais no País. Neste período, houve avanços significativos nos programas públicos de educação para jovens e adultos (com o aumento de oferta de cursos técnicos e de qualificação), além de novas políticas públicas para a expansão do Ensino Superior (público e privado).

As mulheres são destaque na população ocupada que possui curso Superior. Até 1999, elas representavam menos de 50% da população nestes estratos (Superior completo e incompleto); dez anos mais tarde, elas são maioria. As mulheres negras representavam 10,1% dos que possuíam Ensino Superior incompleto, enquanto as mulheres brancas representavam aproximadamente 40,1% do total. Em 2009, esse número passou para 20,1%, enquanto a proporção de mulheres brancas reduziu para 34,7%.

Comparado ao ano de 2009, houve um incremento significativo do número de mulheres negras ocupadas com curso Superior completo e incompleto. As mulheres negras conseguiram mais avanços na escolaridade Superior que os homens negros. Este dado nos remete à importância da escolaridade Superior das mulheres negras para a superação da inserção nos trabalhos domésticos e mais precários. Os homens negros, apesar de inseridos em trabalhos mais intensivos em mão de obra, como a construção civil, por exemplo, estão mais protegidos pelo trabalho formal. Já as mulheres negras, ampla maioria no trabalho doméstico estão submetidas à informalidade da função. Em 2009, houve um aumento do número de negros ocupados em todas as faixas de escolaridade, com exceção para os negros sem instrução. Provavelmente os postos de trabalho gerados no período anterior à pesquisa exigiram níveis de escolaridade mais avançados. No entanto, neste mesmo período, é possível perceber que os negros são mais representativos nos estratos dos ocupados com níveis de escolaridade inferior.

Quanto à população negra ocupada, a relação entre escolaridade e trabalho deve levar em consideração outros aspectos diretamente vinculados à possibilidade de ascensão profissional. Apesar de os dados refletirem uma melhora na escolaridade para todos os grupos, a análise não permite captar a qualidade do processo educacional que irá refletir diretamente na escolha da carreira a ser seguida e, consequentemente, na possibilidade de uma inserção mais positiva no mercado de trabalho. (SILVA, 2001; SOARES; FONTOURA &PINHEIRO, 2009)

Sabe-se que, no Brasil, a despeito das políticas públicas, o desempenho escolar está vinculado ao nível de escolaridade dos pais, ao número de filhos das famílias e à necessidade de inserção precoce no mercado de trabalho. As famílias negras são mais sensíveis a essas variáveis.

Do ponto de vista do gênero, a expansão da escolaridade das brasileiras tem impactado positivamente a sua inserção no mercado de trabalho. Segundo Bruschini, Ricoldi & Mercado (2008), além das mulheres continuarem ocupando os tradicionais 'guetos' femininos, como o magistério e a enfermagem, elas estão aumentando sua participação em profissões de prestígio, como Medicina, Direito e Engenharia. O ingresso das mulheres nessas ocupações é resultado direto do aumento de sua participação nos cursos superiores e do processo de mudança ocorrido nestas carreiras, que passaram a incorporar novas possibilidades de ascensão para as mulheres. As conquistas não são homogêneas para todo esse grupo. A desvantagem da mulher negra frente às conquistas femininas em curso nos remete mais uma vez à questão das assimetrias de gênero e raça que marcam a desigualdade social no Brasil.

Em relação à ocupação por ramos de atividades (setores), os dados da PNAD 2009 trazem algumas perspectivas esclarecedoras a respeito dos cargos e setores por raça e sexo. Os três maiores setores de atividade econômica que abrigam a população masculina são, segundo a média, Comércio e reparação, Indústria de transformação e Construção civil. Pelo lado da população feminina, a ocupação se destaca nos seguintes setores: Educação, Saúde e Serviços Sociais, Serviços Domésticos e Comércio e reparação.

Entre as mulheres negras, os maiores setores econômicos são representados por Serviços domésticos, Educação, Saúde, Serviços Sociais e Comércio e reparação. Já entre as mulheres brancas, os maiores setores são Educação, Saúde, Serviços Sociais, Comércio e reparação e Outras atividades, como intermediação financeira, seguros e previdência privada, etc. A maior presença das mulheres negras no serviço doméstico aponta para uma situação mais vulnerável deste grupo, pois no Brasil o emprego doméstico é caracterizado pelos baixos salários, pela ausência de incorporação de direitos trabalhistas e por relações de informalidade entre empregadores e empregados.

Entre os homens, tanto brancos quanto negros, a atividade principal em que se concentram é o comércio e reparação: 21,2% para os brancos e 19,5% para os negros. Em segundo lugar para os brancos está a Indústria de Transformação, enquanto que para os negros é a construção civil. Em terceiro lugar aparece o ramo de Outras atividades para os brancos e a Indústria de Transformação para os negros.

Distribuição da população ocupada por ramos de atividade, segundo raça e sexo

Região Metropolitana de Belo Horizonte, 2009 (IBGE)

Setor de atividade	Brancos			Negros			TOTAL
	Total	Homens	Mulheres	Total	Homens	Mulheres	
Agrícola	2,2	2,4	2,1	3,3	3,0	3,6	2,9
Indústria de transformação	14,1	16,6	11,5	14,3	17,5	10,7	14,3
Construção civil	6,9	12,3	1,2	10,8	19,3	1,2	9,3
Outras atividades industriais	1,1	1,7	0,5	0,9	1,4	0,3	1,0
Comércio e reparação	18,8	21,2	16,3	17,3	19,5	14,8	17,9
Alojamento e alimentação	4,5	4,0	5,0	5,1	3,9	6,5	4,9
Transporte, armazenagem e comunicação	6,1	8,6	3,5	6,6	10,1	2,6	6,4
Administração pública	6,1	5,5	6,7	4,9	6,3	3,4	5,4
Educação, saúde e serviços sociais	13,4	6,9	20,3	10,1	4,4	16,7	11,4
Serviços domésticos	5,4	0,6	10,5	11,1	1,3	22,3	8,9
Outros serviços coletivos, sociais e pessoais	5,6	3,7	7,7	5,5	3,0	8,4	5,6

Outras atividades	15,6	16,5	14,8	9,9	10,3	9,4	12,1
Atividades mal definidas	0,0	0,0	0,0	0,1	0,1	0,0	0,0
Total	100	100	100	100	100	100	100

Esses resultados demonstram que existem diferenças nas oportunidades para brancos e negros, principalmente quando se compara a concentração da atividade econômica por sexo e raça. Sobre a distribuição da população ocupada por setor de atividade econômica, considerando o total de ocupados em cada setor, observa-se a representação significativa de negros, homens e mulheres, no setor do comércio. É preciso considerar que neste setor está incluído o comércio de baixa produtividade e remuneração, pois o ocupado pode estar na condição de autônomo ou vendedor ambulante.

O quadro a seguir demonstra a permanência das desigualdades a partir da ocupação por gênero e raça. Entre os homens brancos, os cargos que mais se destacam são: trabalhadores da indústria, dirigentes em geral, escriturários e trabalhadores que atendem ao público. Para os homens negros, os cargos que se destacam são: trabalhadores da indústria, trabalhadores da construção civil e trabalhadores de serviços gerais. Quanto às mulheres brancas, os cargos de destaque são de escriturárias, trabalhadoras que atendem ao público, serviços em geral e vendedoras do comércio. As mulheres negras destacam-se nos serviços em geral, como empregadas domésticas e no atendimento ao público.

Distribuição da população ocupada por grupamentos ocupacionais, segundo raça e sexo

Região Metropolitana de Belo Horizonte, 2009 (IBGE)

Grupamentos ocupacionais	Brancos			Negros			TO-TAL
	Total	Homens	Mulheres	Total	Homens	Mulheres	
Dirigentes em geral	8,8	10,5	7,0	3,7	4,5	2,7	5,7
Profissionais das ciências exatas, físicas e da engenharia	2,7	4,2	1,1	0,6	1,0	0,2	1,4

Profissionais das ciências biológicas, da saúde e afins	2,7	2,0	3,5	0,6	0,3	1,0	1,4
Profissionais do ensino (com formação de nível superior)	3,5	1,4	5,8	1,9	0,7	3,3	2,5
Profissionais das ciências jurídicas	2,6	2,6	2,6	0,2	0,2	0,3	1,2
Profissionais das ciências sociais e humanas	3,2	2,5	4,0	1,0	0,8	1,2	1,9
Comunicadores, artistas e religiosos	1,7	1,0	2,5	0,9	0,6	1,3	1,3
Técnicos de nível médio das ciências físicas, químicas, engenharia e afins	2,5	3,8	1,1	1,9	3,3	0,3	2,1
Técnicos de nível médio das ciências biológicas, bioquímicas, saúde e afins	1,4	0,6	2,3	1,6	0,3	3,1	1,5
Professores leigos e de nível médio	1,3	1,0	1,6	0,9	0,5	1,4	1,1
Técnicos de nível médio em serviços de transportes	0,1	0,2	0,0	0,0	0,1	0,0	0,1
Técnicos de nível médio nas ciências administrativas	4,7	5,3	4,1	2,6	2,5	2,7	3,4
Técnicos em nível médio dos serviços culturais, comunicações e desportos	1,0	1,2	0,7	0,3	0,5	0,1	0,6
Outros técnicos de nível médio	0,2	0,2	0,2	0,3	0,4	0,1	0,2
Escriturários e trabalhadores de atendimento ao público	15,9	10,5	21,6	12,1	7,6	17,3	13,6
Trabalhadores dos serviços	11,8	9,1	14,7	19,7	15,3	24,8	16,7
Trabalhadores dos serviços domésticos em geral	4,6	0,8	8,7	9,8	1,9	18,7	7,8
Vendedores e prestadores de serviços do comércio	8,6	8,4	8,9	8,1	6,8	9,7	8,3
Trabalhadores agrícolas	2,1	2,2	2,0	3,2	2,8	3,7	2,8
Trabalhadores da indústria extrativa	0,5	1,1	0,0	0,5	0,9	0,0	0,5

Trabalhadores da indústria de transformação	12,3	17,0	7,3	16,8	25,0	7,6	15,1
Trabalhadores da construção civil	4,8	9,2	0,1	9,1	16,9	0,1	7,4
Trabalhadores na produção, captação e distribuição de energia e água	0,1	0,2	0,0	0,0	0,0	0,0	0,0
Trabalhadores da conservação, manutenção e reparação	2,0	3,9	0,0	2,7	5,0	0,2	2,4
Membros das forças armadas e auxiliares	0,8	1,3	0,2	1,2	2,1	0,2	1,0
Total	100	100	100	100	100	100	100

Sobre a remuneração recebida, os dados da PNAD de 2009 mostram que, em média, os trabalhadores brancos recebem quase duas vezes mais que os negros. Enquanto os negros recebiam, em média, quase R$ 900,00 no trabalho principal, os brancos recebiam mais de R$ 1.600,00.

Outra realidade confirmada é a diferença de renda entre homens e mulheres, negros e não negros. Em média, as mulheres ganham 35% a menos que os homens, independentemente da raça. Entretanto, a renda domiciliar de uma família branca é cerca de 50% maior que a de uma família negra. Em média, as famílias negras recebiam, em 2009, quase R$ 2.400,00 e as famílias brancas cerca de R$ 4.100,00. Essa diferença salarial entre os grupos analisados está diretamente relacionada aos setores econômicos ocupados e à posição na ocupação. Como a presença dos negros é mais significativa em setores menos dinâmicos e em cargos mais subalternos, os salários são significativamente menores se comparados aos brancos.

População em cargos de chefia

Em uma pesquisa realizada pelo Instituto Ethos[16] em 2010, em 500 maiores empresas do Brasil, observou-se que os brancos ocupavam 93% dos cargos

[16] O Instituto Ethos de Empresas e Responsabilidade Social é uma organização sem fins lucrativos, caracterizada como Organização da Sociedade Civil de Interesse Público (OSCIP). Sua missão é mobilizar, sensibilizar e ajudar as empresas a gerir seus negócios de forma socialmente responsável, tornando-as parceiras na construção de uma sociedade justa e sustentável. Seus associados, empresas de portes diferenciados, têm um faturamento anual de 35% do Produto Interno Bruto brasileiro e empregam aproximadamente dois milhões de pessoas.

executivos das empresas (maior nível hierárquico pesquisado) e os negros apenas 3%. Nos cargos gerenciais, os brancos ocupavam 84,7% e os negros 13,2%. No nível de supervisão, a diferença é reduzida: enquanto os brancos ocupavam aproximadamente 73% dos cargos, os negros ocupavam 25,6%. A pesquisa apontou que as empresas têm em seu quadro executivo apenas 0,5% de mulheres negras. A desigualdade de gênero e raça é evidenciada quando o relatório informa que a participação feminina em postos estratégicos nas 500 maiores empresas analisadas subiu de 11,5% para 13,7%. Na distribuição dos postos de chefia, os cargos ocupados pelos negros são aqueles de menor destaque no quadro de direção da empresa. Essa é a realidade nas maiores e mais importantes firmas do Brasil. No entanto, dados da PNAD de 2009 comprovam que houve uma melhora significativa do indicador 'negros em postos de chefia'.

Na nossa pesquisa foi considerado ocupado em cargo de chefia o indivíduo que remunerava pelo menos um empregado (exceto aqueles em empreendimentos para o consumo próprio ou construção para o próprio uso) ou que havia sido classificado pela PNAD como "chefe", "diretor" ou "gerente", além de chefes de estado, legisladores e membros superiores do Judiciário. O conceito de trabalho na PNAD é amplo e inclui tanto o trabalho formal como o informal. Assim, os dados sobre cargos de chefia incluem gestores de grandes, médias e pequenas empresas e responsáveis por microestabelecimentos comerciais, industriais e de serviços.

Para compreender melhor a distribuição de negros e brancos nos cargos de chefia deve-se considerar a distribuição da população ocupada por grupamentos ocupacionais: os negros ocupam mais cargos na construção civil, no caso dos homens, e trabalhos domésticos, no caso das mulheres negras. Os homens brancos ocupam mais cargos na indústria da transformação e as mulheres brancas se destacam como trabalhadoras do setor de serviços, especialmente de atendimento ao público. Essas informações demonstram que os negros continuam ocupando cargos em setores mais tradicionais com chances de mobilidade ocupacional mais restrita. Essa mobilidade ocupacional pode não implicar necessariamente melhoria salarial significativa ou maior prestígio social. Os homens e mulheres brancos ocupam a maioria dos cargos nos setores de engenharia, saúde e ciências jurídicas. Nestes estratos, os negros são "sub-representados".

No grupo de dirigentes, os homens e mulheres negros representavam, em 2009, 10,5% e 7% respectivamente. Em 1999, os brancos ocupavam 71,6% destes cargos. Em 2009, esse número caiu para 58,4%, indicando um aumento nas chances de ascensão dos negros aos cargos de chefia. A melhora nestes dados está diretamente relacionada ao aumento da ocupação pelos negros, aos resultados da política oficial de expansão da escolaridade, à retomada do crescimento econômico e ao aumento da (auto)declaração da cor por pretos e pardos.

Segundo Pochmann (2009), a década de 1990 foi marcada pela dificuldade de progressão social que resultou em um processo de imobilidade social. A partir de 2005, a estrutura social brasileira recuperou seu movimento de mobilidade graças ao crescimento econômico verificado neste período e suas consequências diretas. Esse movimento ascendente se caracteriza pela passagem dos segmentos sociais de baixa renda para os estratos de rendimentos intermediários e superiores. Esse movimento favoreceu preferencialmente os negros. "A formação de novas elites, como aquelas de raça não brancas, indica a força do protagonismo de uma sociedade plural em movimento".

Os dados da PNAD registram as assimetrias de gênero e raça no processo de ascensão profissional. Do ponto de vista de gênero, no ano de 1999, as mulheres brancas em cargos de chefia representavam 40,7% do total de homens brancos na mesma ocupação, demonstrando uma vantagem importante para os homens brancos sobre as mulheres brancas. As mulheres negras em cargos de chefia ocupavam 35,1% da distribuição se comparadas aos homens negros. A relação distributiva intrarracial focalizada no sexo se apresenta mais desfavorável para as mulheres negras e para os homens negros quando comparada às mulheres brancas/homens brancos. Em outras palavras, na disputa por cargos de chefia entre mulheres e homens de mesma raça, as mulheres negras encontravam-se claramente prejudicadas.

Em 2009, o percentual de mulheres brancas em cargos de chefia em relação aos homens brancos na mesma ocupação foi de 58,7%, enquanto a distribuição de mulheres negras comparada aos homens negros passou a 51,27%. Apesar de os dados refletirem um aumento da participação das mulheres nos cargos de chefia no decorrer do tempo considerado, permanece a situação desfavorável das mulheres negras.

Ainda em 2009, houve um aumento significativo na participação das mulheres brancas e negras na distribuição da população ocupada em cargos de chefia. Entretanto, esse incremento não foi suficiente para alterar a posição desfavorável das mulheres negras na distribuição desses cargos. Tomando como foco a categoria raça, a situação apresenta-se da seguinte forma: em 1999, a população de raça negra que ocupava cargos de chefia representava 28,1% do total da distribuição, pouco mais da metade dos homens brancos na mesma condição de ocupação, e 39,08% em relação ao total da população branca nesses cargos. Nesse cenário, há visível preponderância de profissionais de raça branca na ocupação em cargos de chefia sobre profissionais de raça negra. Em 2009, entretanto, esse panorama se modifica e a distribuição da população ocupada em cargos de chefia na RMBH se mostra menos desigual que em 1999. Os profissionais de raça negra em cargos de chefia passaram a 41,6% do total. O aumento da distribuição dos cargos de chefia entre os negros se deu de forma quase proporcional: 6,7 p.p. na distribuição entre homens negros e 6,8 p.p. entre mulheres negras, respectivamente.

Segundo relatório de "Tempo em curso" (2009), a dinâmica ocupacional dos negros no mercado de trabalho metropolitano apresenta-se vinculada às dinâmicas do mercado interno. Os fatores institucionais, como a preservação do poder de compra do salário mínimo e o estímulo concedido à construção civil possibilitaram uma melhora nos indicadores macroeconômicos, beneficiando particularmente os trabalhadores negros concentrados nesse setor.

Segundo dados da PNAD, a população negra tem mais chances de mobilidade nos setores econômicos mais intensivos em mão de obra, construção civil, comércio e reparação, alojamento e alimentação, ou seja, os negros estão mais concentrados nos setores tradicionais da economia.

Comparando-se a participação dos negros nas respectivas faixas etárias, é possível observar que de 30 a 39 anos a média de profissionais brancos e negros que ocupam cargos de chefia girava em torno de 33,5%, na qual os negros apresentavam pequena vantagem de 2,6 p.p. O mesmo não se pode dizer sobre a proporção de ocupados em cargos de chefia na faixa etária de 40 a 49 anos, cuja vantagem dos brancos sobre os negros era de 4,7 p.p. A diferença entre cargos de chefia ocupados por brancos e por negros mostra-se favorável para os brancos em 2,1 p.p. Embora a média dos negros se apresentasse ligeiramente superior à dos brancos na ocupação dos cargos, ambos na faixa etária de 30 a 39 anos, o mesmo não se refletia na segunda maior frequência – 40 a 49 anos de idade.

A proporção de jovens de 10 a 19 anos de idade nos cargos de chefia era ínfima para as duas raças e favorável para jovens negros em 3 p.p.. Na faixa etária de 20 a 29 anos, a média de profissionais brancos e negros em cargos de chefia girava em torno de 15% e a diferença entre a proporção de negros e de brancos se reduzia para 2,4 p.p.

No outro extremo das frequências de faixa etária por raça, dos profissionais de mesma raça que ocupam cargos de chefia com 60 anos ou mais, o quadro era semelhante aos de idade inferior a 29 anos, ou seja, poucos profissionais ocupam esses cargos, com vantagem dos brancos sobre os negros em 1,5 p.p. Já na faixa etária que compreende de 50 a 59 anos, essa diferença aumenta para 1,7 p.p., também em favor dos brancos.

Desse panorama, o que se pode depreender é que, em 1999, a proporção da população ocupada em cargos de chefia segundo faixa etária, por raça, a distribuição apresentou uma ocupação dos cargos de chefia entre a população negra de 10 até 39 anos de idade de 54,5% contra 46,5% entre os brancos. A partir de 40 anos de idade, a distribuição dos cargos entre a população branca representava 54,4% do total de cargos da mesma raça, enquanto os cargos de chefia distribuídos entre os negros representavam 45,5%.

Enquanto em 1999 a distribuição intrarracial dos cargos de chefia entre negros e brancos apresentou um formato semelhante ao longo da distribuição de frequências com intervalos por idade, em 2009 não se pode dizer o mesmo. Apesar de a participação intrarracial sugerir uma aproximação das proporções das duas raças, principalmente nas extremidades (inferior e superior) da distribuição, a dinâmica de ocupação em cargos de chefia das duas raças ao longo dos intervalos de idade se inverte nas faixas etárias: de 30 a 39 anos, quando brancos passaram a ter maior frequência que os negros em 1999; de 40 a 49 anos, na qual os negros assumem uma proporção maior em 2009.

Quanto à evolução da proporção da população ocupada em cargos de chefia segundo faixa etária, por raça, em 2009, tendo como referência o ano de 1999, verificou-se que na primeira extremidade da distribuição, no intervalo de 10 a 19 anos, houve uma redução de 100% para ambas as raças, ou seja, em 1999 havia uma representação ínfima da proporção de brancos e de negros que ocupavam cargos de chefia, que desapareceu na estatística de 2009.

Na faixa de 20 a 29 anos de idade, houve um crescimento de 9,09% da proporção de negros que ocupavam cargos de chefia em 1999, enquanto a proporção de brancos nesses cargos foi aumentada de 24,82%, apresentando um hiato significativo em favor da raça branca de 15,73 p.p. Na faixa etária de 30 a 39 anos, houve um decréscimo da ocupação em cargos de chefia entre os negros de 23,28% e uma redução de 9,63% entre os brancos, demonstrando novamente uma desvantagem da raça negra nesses cargos em 1999.

No segmento de 40 a 49 anos, ocorreu o segundo maior avanço dos negros na concorrência intrarracial pela ocupação dos cargos de chefia, com um índice de 19,49% contra uma diminuição da proporção dos cargos entre os brancos de 10,97%. Nessa faixa etária, os negros apresentaram distinção intrarracial positiva, já que os brancos, curiosamente, tiveram seu segundo maior índice negativo – o que, hipoteticamente, sugere um movimento de compensação da ocupação inter-racial nesse intervalo de idade.

Entre 50 e 59 anos de idade, houve crescimento pouco significativo na proporção da população ocupada em cargos de chefia para ambas as raças: entre os brancos, esse aumento foi de 8,97%; entre os negros o acréscimo foi de 5,04%.

No quadro geral comparativo de 2009 e 1999, os acréscimos e reduções da proporção da população em cargos de chefia segundo faixa etária demonstram novamente uma situação racial desprivilegiada da distribuição da ocupação entre os negros nesses cargos na RMBH.

Em 1999, para cada 100 negros ocupados em cargos de chefia havia 447 brancos. Em 2009, para cada 100 negros em cargos de chefia havia 292 brancos na mesma posição. Esses dados são significativos quando analisamos a melhoria da situação dos negros, homens e mulheres, com Superior incompleto e Superior completo. Neste ponto é importante ressaltar que a situação melhorou em maior proporção para mulheres negras que para homens negros – o que confirma a importância da escolaridade no mercado de trabalho para todos os grupos e, principalmente, para os negros. A menor proporção de negros com curso Superior nos cargos de chefia parece apontar para a existência de barreiras que dificultam a sua ascensão profissional.

Provavelmente, uma parcela considerável de negros em cargos de comando está em setores em que a média salarial é menor se comparada aos setores ocupados pelos brancos. Há diferença quanto ao nível ocupacional destes cargos de chefia, ou seja, um diretor ou um superintendente, que estão em cargos mais estratégicos, têm uma renda superior se comparado às chefias de nível intermediário, como os supervisores e coordenadores de área. Como visto na pesquisa do Instituto Ethos (2010), os negros estão "sub-representados" em cargos do topo da pirâmide organizacional. É necessário considerar que o rendimento médio está diretamente vinculado à escolaridade e os brancos, que têm mais chances de investir em sua escolaridade com recursos próprios, apresentam maiores níveis de escolaridade se comparados aos negros.

Este panorama da situação dos grupos de cor no mercado de trabalho da Região Metropolitana de Belo Horizonte entre os períodos de 1999 e 2009 permite identificar alguns avanços e persistências no que se refere à desigualdade racial na esfera produtiva. A primeira observação positiva é sobre o aumento da (auto)declaração de pretos e pardos, que possibilita a compreensão mais real da dinâmica no mercado de trabalho. O aumento da (auto)declaração tende a impactar os demais indicadores do mercado de trabalho, principalmente quanto à ocupação dos setores econômicos. Em 2009, havia uma proporção maior de indivíduos que se declararam negros.

Apesar de avanços no número de negros ocupados na indústria e no comércio, a maioria continua concentrada em setores menos dinâmicos e em cargos de menor prestígio social. O nível de escolaridade é um grande indutor de progressão social e mobilidade ocupacional. Neste sentido, os dados são positivos para todos os grupos. É preciso registrar a maior participação dos negros em cargos de chefia apontada pela PNAD de 2009. "Assim, seja operando com os dois grupos de sexo separadamente, seja os lendo de maneira agregada, as assimetrias de cor encontraram um movimento declinante a partir de junho de 2009".

A melhora dos indicadores mais gerais do mercado de trabalho parece ter influenciado a possibilidade de ascensão profissional deste grupo, reforçado pela importância do dinamismo do mercado de trabalho nos últimos anos, que favoreceu a expansão do trabalho formal. Em 2009, a região Sudeste se destacou com a maior proporção de trabalhadores com carteira de trabalho assinada no País (67,3%). Os programas sociais de distribuição de renda para famílias carentes, aliados aos fundamentos macroeconômicos, como controle da inflação e situação fiscal equilibrada, possibilitam a gradual redução da desigualdade social no País. No entanto, permanecem em todos os dados apresentados as assimetrias entre brancos e negros, desfavorável aos últimos. Apesar de a melhora dos indicadores do mercado de trabalho, "vale insistir que as desigualdades de cor ou raça e gênero se encontram muito pronunciadas".

Ribeiro (2006), em pesquisa com os dados da PNAD de 1996[17], afirma que os negros no Brasil são duplamente discriminados no mercado de trabalho. Até o patamar dos 12 anos de escolaridade, prevalecem as desigualdades de classe, mas para aqueles com maior escolaridade a barreira da cor é mais significativa. A discriminação racial ocorre principalmente quando posições sociais de maior prestígio são disputadas por negros e brancos. Até a conclusão do Ensino Médio, as pressões de classe são pelo menos seis vezes maiores que as de raça. Com

---

[17] O último banco de dados do IBGE nacionalmente representativo contendo informações sobre a ocupação dos pais dos respondentes é a Pesquisa Nacional por Amostra de Domicílios (PNAD) de 1996. Com essas e outras informações que constaram apenas no questionário da PNAD daquele ano foi possível aos pesquisadores da área utilizar modelos estatísticos que esclareciam a influência da raça no processo de mobilidade ocupacional no País.

uma escolaridade maior (Superior incompleto e completo) essa relação muda e o peso da origem de classe torna-se apenas 2,5 vezes maior que a da cor da pele. O autor concluiu que o profissional branco, no Brasil, com mais de 12 anos de escolaridade tem, em média, três vezes mais chances que um negro de chegar ao patamar mais elevado da hierarquia social.

> Os brancos têm mais chances que os pardos e os pretos de imobilidade no topo da hierarquia de classes, enquanto estes últimos têm mais chances de mobilidade descendente. Ou seja, há desigualdade racial nas oportunidades de mobilidade intergeracional para homens com origem nas classes mais altas. Estes resultados revelam que a desigualdade de oportunidades está presente no topo da hierarquia de classe, mas não na base desta hierarquia. Esta conclusão nos leva a sugerir que a discriminação racial ocorre principalmente quando posições sociais valorizadas estão em jogo.

Quanto à ideia de que o sistema capitalista no Brasil poderia reduzir as desigualdades raciais no âmbito do trabalho, Telles (2003) afirma que o desenvolvimento da industrialização brasileira coexistiu com as desigualdades raciais. E, em situações em que os grupos subordinados são muito diferenciados e marginalizados, as indústrias podem identificar uma vantagem material na manutenção da ordem racial para evitar uma maior solidariedade entre os trabalhadores em caso de conflitos trabalhistas. Para o conjunto dos trabalhadores, as desigualdades raciais podem garantir vantagens na competição por postos de trabalho mais vantajosos. Para tornar a questão ainda mais complexa, no Brasil, a ilusão de ausência de racismo reafirma a percepção de que o problema não existe.

A competitividade reforça as práticas organizacionais que restringem a entrada e permanência de determinados grupos em posições de maior *status* social. A questão é complexa e vai além dos dados descritivos apresentados. Há uma série de outras barreiras no exercício de cada profissão que pode influenciar a trajetória dos trabalhadores. Ao tratar da ocupação de postos de chefia pelos negros no Brasil, deve-se considerar como o preconceito e a discriminação racial no local de trabalho dificultam ainda mais o movimento ascendente de grupo, e como os negros enfrentam e ultrapassam tais barreiras.

CAPÍTULO 3

A TRAJETÓRIA DOS GESTORES NEGROS NO MERCADO DE TRABALHO DA REGIÃO METROPOLITANA DE BELO HORIZONTE

A função gerencial nas organizações contemporâneas

A definição mais nítida da função gerencial emergiu com o crescimento das primeiras organizações industriais que exigiam profissionais mais qualificados para o planejamento, operação e controle da produção. O movimento da gerência científica iniciado por Frederick Winslow Taylor (1856-1915) nas últimas décadas do século XIX consolidou métodos e técnicas de gestão, aplicados à produção industrial. Naquele momento, o sistema capitalista entrava na segunda fase da Revolução Industrial com a adoção de um novo padrão tecnológico baseado na concentração técnica e financeira do capital. A concentração dos mercados favoreceu a produção em série, o aumento dos lucros e a necessidade de impor uma maior velocidade aos sistemas produtivos. (HELOANI, 1994)

O método taylorista de organização da produção estendeu-se às principais fábricas norte-americanas com a Primeira Guerra Mundial. Os seus principais objetivos de controle e padronização das tarefas estavam baseados nos seguintes princípios: o saber operário deve ser decomposto na medida dos tempos e movimentos; a definição de uma única e melhor forma de realizar o trabalho; a separação da esfera do controle (administrativo, burocrático, gerencial) da esfera da produção (responsável pela execução) e determinação de normas rígidas de controle da produção. A introdução da gerência científica foi recebida com resistência, protestos, greves e conflitos entre patrões e empregados. Os trabalhadores percebiam os métodos e técnicas da gerência científica como forma de limitar seus poderes, tornar precárias suas condições de trabalho e reduzir sua remuneração. "A introdução do taylorismo nas fábricas acelerou o projeto capitalista de pôr fim à influência dos trabalhadores de ofício". (HELOANI, 1994)

Logo no início do século XX, a gerência científica, aliada às técnicas fordistas de produção, se mostrou eficaz por aumentar a produtividade e expandir o emprego. Enquanto Taylor procurava gerenciar a execução do trabalho individual, Henry Ford (1863-1947) propôs uma nova forma de gestão e controle coletivo com a utilização da esteira de produção. (MORAES NETO, 1989) Com o fordismo, a gestão do trabalho amplia o seu controle exigindo dos trabalhadores o desempenho necessário por meio do ritmo da linha de montagem. A divisão do trabalho se intensificou, tornando mais nítida a diferença entre as funções de execução e de planejamento. Segundo Oliveira (2007), é possível constatar diversas variações a partir do modelo fordista de produção; no entanto, a base do sistema é a mesma: peças e produtos semiacabados sendo transportados em um movimento contínuo, controlados pela gestão e processados por empregados selecionados a partir dos princípios tayloristas.

No Brasil, a utilização do taylorismo e do fordismo nas atividades industriais foi ampliada a partir da instalação, no País, das multinacionais dos setores dinâmicos da indústria, principalmente nas fábricas de bens de consumo duráveis. Com a mesma preocupação de Taylor – a ampliação do controle organizacional – Henry Fayol (1841-1925) tratou a organização a partir da sua estrutura global, considerando a divisão das suas funções em técnicas, comerciais, financeiras, de segurança, contábeis e administrativas. Ao gestor caberia o controle da produção e das atividades meio e fim da organização. Para Fayol, o gestor é aquele que planeja, implanta, opera e avalia todas as funções organizacionais. (BERNARDES, 1991)

Outro ponto importante para a compreensão da função gerencial moderna é a aceitação dos princípios burocráticos como instrumentos de controle. Dois princípios se destacam: o mérito e a racionalidade. O mérito está vinculado ao conhecimento e à capacidade técnica; a racionalidade garantia à organização a adequação dos meios aos fins. A adoção do modelo burocrático pressupunha o uso de normas e regulamentos, a existência de uma hierarquia ocupacional, uma gestão baseada na comunicação formal, o uso de regras para a medição do desempenho no cargo e, principalmente, a impessoalidade nas relações intraorganizacionais. (OLIVEIRA, 2007)

Mesmo com críticas, é possível tecer, a respeito dos métodos tradicionais de organização e gestão do trabalho, que o fordismo fortaleceu as bases para um novo padrão de crescimento econômico e social, sustentado pelo aumento da produtividade (produção em massa) e do emprego nas fábricas e nos serviços e pela ampliação do consumo de bens duráveis pelos trabalhadores.

Os trabalhos dos autores clássicos da Administração, como Taylor, Ford e Fayol, contribuíram para a compreensão do perfil do gestor do início do século XX como um executivo, responsável pelos resultados organizacionais, qualificado e treinado para a função. Porém, com o esgotamento deste modelo, as organizações passaram por inúmeras mudanças que implicaram alterações em sua estrutura, na organização da produção e, principalmente, em seu estilo e comportamento gerencial.

O processo de reestruturação produtiva que alcançou quase todos os setores econômicos se desencadeou a partir do final da década de 1970. Segundo Dupas (1999), naquele momento as tecnologias de informação possibilitaram a internacionalização da economia mundial e favoreceram a consolidação dos mercados globais. O capitalismo passou a ser alimentado pela força de suas contradições. De um lado, a necessidade crescente de investimentos em novos produtos e processos e a tendência à concentração produtiva (as cem maiores corporações mundiais detinham, em 1996, um terço do estoque global de investimento direto); de outro, a necessidade de competição entre essas empresas para a redução dos preços e aumento da qualidade de seus produtos e serviços. A competição favoreceu a fragmentação da produção, com o aumento das terceirizações, franquias e informalização.

A última contradição apresentada e talvez a mais visível foi a dinâmica que se observava a partir da exclusão *versus* inclusão. A competição entre empresas favoreceu a queda de preços, possibilitando a inclusão de novos consumidores que, até então, estavam à margem deste mercado. Este fato aconteceu ao mesmo tempo em que se observava o aumento do desemprego estrutural e a proliferação de empregos precários e mal remunerados. O forte processo de concentração econômica e as novas tecnologias de informação garantiram que pequenas empresas se relacionassem com as grandes corporações por meio das terceirizações e subcontratações.

Kumar (1995), em sua abordagem otimista, afirma que não devemos considerar o avanço tecnológico como um fenômeno neutro. As consequências da evolução tecnológica e da revolução da informação são resultado do seu uso e de sua aplicação. Na experiência da terceira Itália identifica-se a articulação bem-sucedida entre descentralização produtiva e integração social. Os efeitos sobre o trabalho foram positivos: empregados bem remunerados, protegidos e mais participativos. A ideia da cooperação e da união entre trabalho intelectual, braçal e a comunidade foi possível a partir de valores, objetivos e políticas bem-articulados entre todos os agentes envolvidos. Desta maneira, a integração de pequenas empresas à economia global não precisaria acontecer de forma precária.

A especialização flexível, ao contrário da produção em massa, não visa à fabricação de bens padronizados em grande escala. A demanda passa a ser de produtos diversificados para atender a um perfil de cliente cada vez mais heterogêneo.

No chão de fábrica, máquinas e equipamentos numericamente controlados facilitaram a pequena produção, voltada para setores específicos do mercado. As próprias máquinas apresentaram facilidades de adequação para a produção de produtos diferentes, sem a necessidade de grandes investimentos de capital. Os novos produtos e desenhos são possíveis com a utilização de uma tecnologia flexível, que origina a especialização também flexível. A flexibilidade, neste caso, é observada no maquinário e no perfil do trabalhador.

Neste tipo de organização da produção não há mais espaço para o trabalho sem qualificação, atento apenas a uma ou duas operações repetitivas, mas vivencia-se o retorno à valorização das habilidades artesanais. A experiência da terceira Itália poderia ser transposta para outros espaços, reproduzindo-se a 'competição cooperativa' que caracterizou esse modelo. (KUMAR, 1995)

Em outra perspectiva, Dupas (1999) afirma que na reestruturação produtiva e no novo modelo de especialização flexível o desemprego estrutural passa a funcionar como o grande controlador da força de trabalho, reduzindo o poder de negociação dos trabalhadores. As novas formas de produção, que exigem compromissos do trabalhador quanto ao trabalho em equipe e à alta qualidade dos produtos, geram mudanças na própria estrutura organizacional: descentralização, redução dos níveis hierárquicos, necessidade de alcance de metas cada vez mais elevadas. As sofisticadas políticas de pessoal, com um discurso cada vez mais psicologizante, procurava convencer o trabalhador da sua importância para o processo de produção e de que sua dedicação e seu comprometimento incondicionais à empresa seriam os principais fatores de sucesso dos negócios. Desta forma, o trabalhador flexível se identifica mais com a gerência que com a sua própria classe de interesses.

Com essas novas formas de organização do trabalho, à medida que se avança para o extremo superior da cadeia, predominam a alta qualificação e os contratos formais de trabalho, incluindo extensos benefícios. No entanto, ao se caminhar para a base, em direção à cadeia expandida, penetra-se mais intensamente no território do informal, do trabalho temporário, terceirizado ou subcontratado. Essa é a forma pela qual as empresas transnacionais podem se apropriar das vantagens das reservas de baixos salários, relações contratuais informais e regras ambientais menos rigorosas, sem o envolvimento necessariamente direto de sua marca institucional. (DUPAS, 1999)

De acordo com Antunes & Alves (2004), para se compreender a classe trabalhadora na reestruturação produtiva, é preciso partir de uma concepção ampliada de trabalho que inclua a totalidade dos assalariados. A classe trabalhadora incorpora os empregados do núcleo central, produtivos e improdutivos (cujo trabalho não cria diretamente mais-valia), os trabalhadores rurais, o trabalhador em situação precária com todas as modalidades de contrato de trabalho e os trabalhadores desempregados.

Para os trabalhadores do chamado núcleo central, houve um aumento do número de tarefas e responsabilidades, a partir da incorporação de pressupostos gerenciais que exigiam o total comprometimento e lealdade do indivíduo com os objetivos estratégicos da empresa. Sistemas sofisticados de gestão de pessoas, processos cada vez mais seletivos de contratação, métodos permanentes de treinamento e desenvolvimento contribuíram para reforçar a noção, junto aos trabalhadores, de que eles seriam os principais responsáveis por seu sucesso e pela construção de sua carreira profissional.

No caso brasileiro, a reestruturação no setor industrial privilegiou as novas formas de gestão e organização do trabalho baseado no modelo japonês, conhecido como toyotismo[18]. Rapidamente, o trabalho intensivo, com maior número de tarefas e responsabilidades passou a afetar a saúde e a segurança dos trabalhadores estáveis. Neste contexto, o gestor passou a ter o papel de catalisador e mobilizador interno, buscando garantir a adesão dos trabalhadores aos novos processos de mudanças. Este novo perfil de liderança valorizou tanto o conhecimento técnico como as habilidades gerenciais que favoreciam a comunicação interna. Apesar de o aumento do desemprego, a mobilidade interna foi estrate-

---

[18] Modelo japonês de gestão desenvolvido a partir da experiência na fábrica de automóveis da Toyota, que pressupõe uma nova forma de organização do trabalho, baseada na polivalência do trabalhador e na rotação de tarefas, predomínio do trabalho em grupo sobre o trabalho individual, divisão menos rígida entre direção e execução, divisão do trabalho menos nítida entre empregados da produção e da manutenção, utilização de técnicas para mobilização interna. Pode ser ainda considerado um método que utiliza as seguintes técnicas de produção: *Just-in-time*, *Kanban*, círculos de controle de qualidade. (HIRATA, 1993)

gicamente favorecida. Para o grupo estável, as grandes empresas, quando adotavam os chamados 'círculos de qualidade', promoviam seus melhores operários a supervisores dos grupos de trabalho, tornando o processo mais participativo e integrado. Para Ruas, Antunes & Roese (1993), o controle sobre o trabalho individual torna-se improdutivo. A transição do controle direto e coercitivo sobre o trabalhador para o controle via organização do trabalho permitiu à empresa se aproximar da base e alterar as relações de poder no chão da fábrica.

Desta forma, no âmbito interno das organizações há duas grandes transformações: a mudança das estruturas e estratégias empresariais e a inovação aplicada aos processos de trabalho. As estruturas organizacionais aproximaram seus níveis hierárquicos. Com programas de reengenharia, as atividades meio, não--diretamente ligadas ao seu negócio principal, foram reduzidas. O planejamento se tornou flexível para atender às alterações da demanda e seu escopo de tempo é reduzido. Esse processo visava, principalmente, à construção de estratégias competitivas que orientaram as táticas e as operações organizacionais. Segundo Porter (1991), as grandes organizações passaram a monitorar o seu ambiente de atuação, analisando seus concorrentes e diagnosticando variáveis que pudessem ameaçar seus negócios. O poder de negociação dos fornecedores e compradores, a ameaça de produtos e serviços substitutos e de novos concorrentes são acompanhados sistematicamente.

Nesse processo, a sinergia interna é fundamental e os avanços dos sistemas informacionais contribuem para integrar todas as áreas funcionais. A comunicação com o cliente-alvo, por meio de sistemas de informação, possibilita o acesso a dados importantes sobre alteração das características dos produtos e serviços. A flexibilidade organizacional foi viabilizada a partir da adoção de programas internos que, além de mudanças técnicas, centravam esforços principalmente em transformações comportamentais. Programas de Qualidade Total, Gestão participativa, *Just-in-Time*, *Kanban*, Reengenharia e outros foram responsáveis pelo processo de descentralização organizacional e pela disseminação da ideia escamoteada de que "todos são responsáveis pelos produtos e serviços da empresa". As novas estruturas organizacionais influenciaram as normas de conduta, reduzindo o controle formal e favorecendo a interiorização dos preceitos organizacionais. É assim que, por exemplo, surgem as estruturas organizacionais que aboliram os controles de horários, os regulamentos e as punições formais e outros controles do taylorismo. No novo padrão, cada empregado é responsável por um determinado subproduto do trabalho e o seu desempenho é avaliado unicamente pela qualidade final desse produto.

Segundo Pages (1990), os novos modelos de gestão apenas alteraram os mecanismos de controle, diluindo-os em uma complexa rede de mediações centradas, principalmente, nas políticas e práticas de Recursos Humanos. Tais mecanismos garantiam a submissão de gestores e trabalhadores às regras e aos objetivos organizacionais. Ao mesmo tempo, as reivindicações coletivas são esvaziadas e o atendimento individual das necessidades é antecipado.

Na organização do processo de trabalho, as inovações técnicas e gerenciais transformaram o relacionamento entre trabalhadores, meios de produção e gerência, além de afetar as relações de trabalho. Os novos arranjos produtivos se afastam cada vez mais dos pressupostos tayloristas de produção, contribuindo para a exigência de um novo perfil de trabalhador. A gerência abandona seus costumes mais autoritários e, com os chamados "ciclos motivacionais" e as relações interpessoais, controla, mais de perto, as atividades produtivas. No gerenciamento dessas equipes de trabalho, os novos gestores são responsáveis pela criação de ambientes de trabalho mais adequados à geração de novas ideias e sugestões. As recompensas passam a ser mais simbólicas (premiações, eventos, destaques visuais, reconhecimento verbal de colegas de trabalho e das chefias) que materiais (salários e benefícios, participação nos resultados).

O campo gerencial foi o ponto de partida para a consolidação de um discurso que, visando basicamente ao aumento do controle sobre o trabalho humano, criou condições para o estabelecimento de estratégias competitivas: programas de redução de custos, estruturas organizacionais enxutas e o desenvolvimento de uma cultura organizacional – com valores e condutas – adequadas ao novo contexto.

O cenário econômico do início deste século, totalmente diferente do final da década de 1980, resultou na adoção de novos modelos de gestão, os quais influenciaram na definição de um novo perfil gerencial que passou a incorporar habilidades e qualificações de acordo com a dinâmica organizacional.

Segundo Motta (1991), o trabalho gerencial é atípico, ambíguo, repleto de dualidades, cujo exercício se realiza de forma fragmentada e intermitente. "O gigantismo das organizações contemporâneas se assemelha a grandes monstros que precisam ser dominados e, portanto, direcionados" (MOTTA, 1991). Para dominar essas estruturas complexas, os gestores precisam possuir algumas habilidades gerenciais conquistadas com a vivência das contradições da empresa moderna. Essa noção sugere que a função gerencial preservou pouco das atividades tradicionais e que o gestor, atuando em um complexo ambiente de incertezas e mudanças, procura adequar o seu perfil ao espaço organizacional onde atua. É importante caracterizar a atuação dos gestores levando-se em conta o macroambiente no qual a empresa está inserida, o modelo de gestão adotado, o padrão de qualificação exigido para o exercício do cargo e o nível de responsabilidade demandado pela organização. Do gestor se espera a adesão incondicional aos valores, princípios e metas organizacionais, a capacidade de tomar decisões, de se adaptar a mudanças contínuas, de mediar e antecipar conflitos nos locais de trabalho e de manter a estrutura e os processos de organização em equilíbrio.

Neste sentido, sua legitimidade como chefe é fundamental. Os empregados devem reconhecer, no chefe, a autoridade formal para o cargo e traços de personalidade que possam identificá-lo como uma liderança a ser seguida.

De acordo com Teixeira (1995), o gerente em ascensão nas organizações contemporâneas é mais jovem, mais qualificado, mais interessado na relação custo-benefício de seu papel na empresa. Parece não haver, por parte de gestores e empresa, interesse por políticas de estabilidade na empresa. O que se observa é uma cultura organizacional que reforça o papel da competência e do potencial de cada um, aliada a sofisticados programas de treinamento e desenvolvimento gerencial que auxiliam na construção das habilidades requeridas para a gestão da empresa.

Os gestores que participaram desta pesquisa apresentaram características que se aproximam da definição contemporânea da função gerencial. No entanto, é preciso considerar que o perfil dos respondentes é diversificado, assim como o porte e a natureza das organizações onde atuam.

Considerações metodológicas

Para analisar a percepção dos negros sobre a influência da cor em sua trajetória profissional ascendente foram entrevistados gestores[19] negros que ocupavam postos estratégicos em organizações públicas, privadas ou sem fins lucrativos, localizadas na Região Metropolitana de Belo Horizonte. O porte das empresas não foi considerado e não houve nenhum recorte sobre os rendimentos

[19] Para os cargos de chefia, as empresas utilizam nomenclaturas variadas de acordo com a sua estrutura organizacional: chefes, líderes, supervisores, etc.

dos entrevistados, mas observada com atenção a natureza dos cargos ocupados e, principalmente, a declaração do gestor quanto à sua raça. Todos se declararam negros.

A intenção inicial era entrevistar o mesmo número de homens e mulheres, para analisar as questões de raça e gênero, mas localizar mulheres negras em cargos de chefia foi uma dificuldade que levou a rever essa decisão.

Os entrevistados escolhidos exerciam funções de responsabilidade considerável, isto é, gerenciavam grandes setores ou alguma unidade isolada da empresa. Todos eram responsáveis por acompanhar resultados, gerenciar pessoas e zelar pela satisfação de clientes internos e externos. O contato com esses profissionais ocorreu de duas formas distintas: em um primeiro momento foram utilizadas as redes sociais das organizações para acionar os profissionais de Recursos Humanos (RH) das empresas e solicitar indicações de indivíduos com o perfil de interesse da pesquisa. Essa estratégia deu bons resultados apenas para duas organizações. A maioria das empresas não possui cadastros que informam a raça ou a cor de seus empregados e os profissionais de Recursos Humanos relatavam dificuldades em identificar e abordá-los. Um dos profissionais de RH demonstrou seu desconforto, questionando:

> *[...] como eu irei saber se há negros em postos de chefia? Terei que perguntar ao profissional se ele é negro? E se eu indicar alguém que não se considera negro ou se sentir ofendido com a indicação? Penso que isso é constrangedor.* (Profissional de Recursos Humanos de uma siderurgia)

Cientes dessas dificuldades foram feitos outros contatos: amigos, colegas da universidade, alunos, ex-alunos e outros, e indicações do próprio gestor entrevistado. O total de entrevistas a serem realizadas não foi previamente definido. Segundo Duarte (2002), em uma metodologia de base qualitativa, o número de sujeitos que irão compor o quadro de entrevistas dificilmente pode ser determinado *a priori*. Tudo depende da qualidade das informações e "do grau de recorrência e divergência destas informações". A partir de um determinado número de entrevistas realizadas, ocorreu uma saturação e as informações se repetiam, principalmente quanto às barreiras raciais encontradas ao longo da trajetória profissional de cada entrevistado. No total, foram entrevistados 25 gestores: oito mulheres e 17 homens. A maioria das entrevistas foi realizada entre março e outubro de 2010 e algumas no primeiro semestre de 2011.

A maioria das entrevistas foi realizada em um espaço reservado da empresa, com privacidade suficiente para que os entrevistados relatassem suas experiências. Outras foram realizadas na Universidade por escolha do próprio entrevistado. As entrevistas foram gravadas e duraram, em média, uma hora e 15 minutos. Nas entrevistas, foi utilizado um roteiro semiestruturado com informações acerca do perfil do entrevistado, sua carreira ascendente na empresa atual, sua origem familiar, sua inserção no mercado de trabalho e sua percepção das barreiras e facilidades encontradas ao longo da sua trajetória profissional. Este roteiro possibilitou coletar as informações e garantiu a flexibilidade necessária para incluir novas questões. A identidade dos entrevistados e das empresas foi preservada e, para melhor compreensão das trajetórias, foram adotados nomes fictícios. O quadro de entrevistados foi o mais diversificado possível, compreendendo gestores do setor público (prefeituras e Bancos públicos), setor privado (indústria, comércio e serviços), além de representantes de organizações sem fins lucrativos (conselho municipal e associação de empregados).

Não houve nenhuma recusa em participar da pesquisa, mas alguns profissionais demonstraram desconforto com as perguntas referentes à discriminação racial no ambiente de trabalho. A estratégia utilizada pelos entrevistados, nestes casos, era desqualificar qualquer pergunta referente à cor ou raça, respondendo a essas questões de forma sintética e descompromissada, justificando sua trajetória ascendente a partir da sua qualificação, do seu esforço pessoal e do seu comprometimento com os valores da empresa. Houve resistência para se revelar o total dos rendimentos recebidos, fixo e variável, mas a maioria dos entrevistados se sentiu motivada e interessada em participar e falar sobre sua trajetória e sua visão acerca da questão racial.

Negando as barreiras impostas pela cor ou aceitando e reconhecendo a discriminação presente em seus percursos profissionais, em determinados momentos os entrevistados se emocionaram com sua própria trajetória. Desta forma, as entrevistas realizadas possibilitaram captar significados, interpretações e identificar estratégias de atuação frente às barreiras raciais presentes no mercado de trabalho.

Na pesquisa qualitativa, as escolhas do pesquisador guardam uma dimensão subjetiva sobre seu objeto de pesquisa, que irá se refletir na forma de interação e no momento da análise e interpretação dos dados. "Ao tratar da subjetividade, nos referimos à consciência das pessoas, ao mundo interior de cada um e aos significados que damos ao ambiente que nos cerca; à forma como as pessoas interpretam o mundo social e como interagem". (MAY, 2004) Para garantir cientificidade ao trabalho, os conteúdos foram registrados em sua totalidade e buscou-se contextualizá-los à luz do marco teórico da pesquisa.

O perfil dos gestores entrevistados

Para preservar o anonimato dos entrevistados e das empresas onde atuam, eles não foram identificados.

Perfil das Mulheres Negras em Cargos de Chefia

Nome fictício	Idade	Escolaridade	Rendimento mensal	Estado civil e posição na família	Setor/ Natureza do cargo ocupado
Cida	42	Superior – Serviço Social	Três salários mínimos	Divorciada – chefe de família	Público – Conselho municipal
Iara	39	Ensino Médio	Cinco salários mínimos	Casada – dois filhos	Comércio Varejista
Lia	38	Ensino Médio	Cinco salários mínimos	Solteira – sem filhos	Comércio Varejista
Ana	48	Ensino Médio	Seis salários mínimos	Casada – sem filhos – chefe de família	Comércio Varejista
Rosa	40	Superior – Gestão Comercial	10 salários mínimos	Viúva – um filho - chefe de família	Comércio Varejista
Marta	43	Superior – Gestão de Marketing	Quatro salários mínimos	Solteira – sem filhos	Serviços – Banco setor público
Maria	44	Pós-Graduada Educação	Mais de 10 salários mínimos	Separada – dois filhos – chefe de família	Público – Prefeitura
Flora	55	Superior – Jornalismo	Cinco salários mínimos	Casada – três filhos	Público – Prefeitura

Perfil dos Homens Negros em Cargos de Chefia

Nome fictício	Idade	Escolaridade	Rendimento mensal	Estado civil e posição na família	Setor/Natureza do cargo ocupado
Joaquim	40	Pós-Graduado Direito Empresarial	Mais de 15 salários mínimos	Casado – dois filhos – chefe de família	Indústria – ramo automobilístico
Carlos	53	Superior – Psicologia	20 salários mínimos	Casado – dois filhos – chefe de família	Público – Órgão público estadual
Pedro	50	Superior – Administração	Mais de 10 salários mínimos	Casado – seis filhos – chefe de família	Comércio varejista
Paulo	58	Superior – Jornalismo	Mais de 10 salários mínimos	Casado – dois filhos – chefe de família	Público – Órgão público municipal
João	49	Ensino Médio	Mais de 10 salários mínimos	Casado – dois filhos – chefe de família	Associação de trabalhadores – setor bancário
Caio	46	Ensino Médio	Cinco salários mínimos	Casado – dois filhos – chefe de família	Comércio varejista
Rafael	42	Pós-Graduado Auditoria Contábil	10 salários mínimos	Casado – dois filhos – chefe de família	Serviços – Banco setor público
Marcelo	40	Superior – Administração	Cinco salários mínimos	Casado – dois filhos – chefe de família	Comércio varejista
Renato	33	Ensino Médio	Sete salários	Solteiro – dois filhos	Comércio varejista
Roberto	42	Superior - Administração	15 salários mínimos	Casado – um filho – chefe de família	Serviços - Banco setor público
Fernando	40	Ensino Médio	Cinco salários mínimos	Casado – dois filhos – chefe de família	Comércio varejista
Dirceu	48	Superior – Administração	Mais de 15 salários mínimos	Casado – dois filhos – chefe de família	Indústria – ramo automobilístico

Rubens	52	Superior – Administração	14 salários mínimos	Casado – dois filhos – chefe de família	Serviços – Banco setor privado
Ricardo	42	Pós-Graduado Engenharia Civil	40 salários mínimos	Casado – s/ filhos – chefe de família	Indústria – ramo de mineração
José	39	Ensino Médio	Quatro salários mínimos	Casado – dois filhos – chefe de família	Comércio varejista
Vitor	57	Pós-Graduado Engenharia Mecânica	25 salários mínimos	Viúvo – quatro filhos – chefe de família	Indústria – ramo automobilístico
Luciano	32	Superior – Engenharia Mecânica	20 salários mínimos	Casado- dois filhos – chefe de família	Indústria – ramo automobilístico

Sobre a natureza dos cargos, tem-se a seguinte distribuição:

a) três gestores de Bancos públicos e um gestor de Banco privado;

b) um presidente de uma associação de trabalhadores do setor bancário;

c) um coordenador de um conselho municipal vinculado a uma prefeitura;

d) dois gestores responsáveis por lojas de venda de móveis, sendo uma loja localizada em um bairro popular e outra localizada em um *shopping center* da zona sul de Belo Horizonte;

e) sete gestores de supermercados, sendo seis gerentes de uma mesma rede, responsáveis por unidades em diversas localidades da Região Metropolitana de BH e um gestor de uma unidade de supermercado, de outro grupo, localizada em um *shopping center* da zona sul de BH;

f) um gestor do departamento de pessoal de um grande grupo industrial do ramo automobilístico;

g) uma secretária municipal de uma prefeitura;

h) dois assessores de comunicação de prefeituras;

i) um gestor de um órgão de segurança estadual;

j) um gestor da área de auditoria de qualidade de um grande grupo industrial do ramo automobilístico;

k) um gestor de projetos de uma indústria do ramo automobilístico;

l) um supervisor de qualidade de um grande grupo industrial do ramo automobilístico;

m) um gestor operacional em um *shopping center*;

n) um gestor da área de planejamento de uma grande mineradora de Minas Gerais.

Apesar de os gestores estarem em níveis de comandos diversificados – alguns estão no nível estratégico e outros no nível tático da organização – todos informaram realizar atividades e acumular responsabilidades que caracterizavam funções de direção. Todos eram responsáveis por acompanhar e avaliar o trabalho de seus subordinados e garantir o alcance dos resultados de suas unidades. Além disso, respondiam pelo patrimônio de sua unidade, por organizar e gerir os processos e acompanhar o atendimento dos clientes da área/unidade. Todos possuíam uma estrutura de apoio para suas atividades: assessores, subgerentes e secretárias. Quanto ao tamanho das empresas, 23 são de grande porte, uma de pequeno e outra de médio porte.[20]

A maioria dos homens entrevistados recebe, em média, mais de 10 salários mínimos. No caso das mulheres, com exceção de duas, as demais recebem aproximadamente de cinco a seis salários como rendimento mensal. Essa diferença salarial está diretamente relacionada ao setor de ocupação e à posição do cargo ocupado na estrutura organizacional. Segundo o DIEESE (2011), o rendimento médio na indústria para a Região Metropolitana de Belo Horizonte é de aproximadamente R$ 1.478,00; para o comércio é de R$ 1.108,00 e para o setor de serviços é de R$ 1.214,00. O subsetor de supermercados é caracterizado pela extensa jornada de trabalho e pelos baixos salários.

Sobre a escolaridade concluída, os gestores do comércio varejista possuíam uma escolaridade inferior se comparados aos entrevistados de outros setores. Este fato pode explicar, em parte, a remuneração menor para ambos os sexos neste setor.

O estado civil e a posição na família dos respondentes estão coerentes com a idade informada: a maioria já formou sua própria família e é responsável ou compartilha a responsabilidade pelo sustento da casa. Com algumas exceções, a

---

[20] Classificação para o porte de empresas brasileiras: de 1 a 19 funcionários – Microempresa; de 20 a 99 funcionários – Pequena empresa; de 100 a 499 funcionários – Média empresa; mais de 500 funcionários – Grande empresa (SEBRAE).

maior parte dos respondentes alcançou um cargo de maior responsabilidade na empresa após os 40 anos, quando acumularam experiência na empresa ou em outras organizações.

É importante ressaltar que metade das mulheres entrevistadas se declarou chefe de família. Esta informação está coerente com outros dados que demonstram que, a partir de 1995, houve um aumento do número de famílias chefiadas por mulheres sem cônjuge. Segundo Leone (1999), entre as mulheres que vivem sozinhas destacam-se as que têm mais de 50 anos, que são viúvas, separadas ou divorciadas. Das oito gerentes entrevistadas, seis declararam ser responsáveis pelas tarefas domésticas (supervisão ou execução). Entre os homens, cinco afirmaram que ajudavam eventualmente nos afazeres domésticos e os demais possuíam empregados domésticos ou diaristas para essas atividades. Todos os entrevistados casados, homens e mulheres, afirmaram participar ativamente da educação dos filhos.

A respeito do estado civil, é importante destacar que todas as mulheres casadas possuíam um companheiro negro. Entre os homens, apenas dois informaram que suas esposas eram negras ou pardas. Os demais são casados com mulheres brancas. No entanto, como afirma Figueiredo (2002), os negros que ascendem são vistos como exceção à regra. O casamento interétnico é considerado como uma das estratégias de ascensão econômica que permitem ao negro o acesso às camadas mais elevadas da sociedade. Joaquim, um dos entrevistados, quando indagado sobre a cor/raça de sua companheira afirmou com orgulho: *"ela é branca dos olhos azuis"*.

Berquó (1987), em seu clássico estudo sobre a nupcialidade entre grupos raciais distintos, já havia concluído que a miscigenação no Brasil ocorre mais pela união do homem negro com a mulher branca que o inverso. As negras, segundo a autora, são preteridas no 'mercado matrimonial'. Valle Silva (1987) ressaltou que, geralmente, o homem negro em ascensão busca se unir a mulheres brancas de menor escolaridade ou *status* social inferior. Barros Longo (2010) reforça que os negros com baixo *status* educacional têm menor probabilidade de estar numa relação inter-racial que pretos com altos níveis de escolaridade. Homens negros com maior escolaridade têm mais chances de se casarem com mulheres brancas de menor escolaridade. Isso significa que a escolaridade mais alta dos homens negros pode estar "compensando" o baixo *status* de sua raça. Mas, segundo Barros Longo (2010), a escolaridade parece 'funcionar' de outra maneira quando se trata da união entre uma mulher negra e um homem branco.

> Analogamente, as chances de uma mulher preta se unir a um homem branco serão maiores caso ela tenha uma escolaridade maior que a dele. Esse resultado é um indicativo de que, embora as uniões inter-raciais estejam aumentando com o tempo, ainda é necessária uma "troca" de *status* para o seu favorecimento. Dado que a escolaridade é uma forma de compensar as diferenças raciais, como a escolaridade feminina tem aumentado mais que proporcionalmente em relação à escolaridade masculina, este fato poderá favorecer a continuidade do aumento das uniões inter-raciais.

Ainda no campo teórico, as uniões inter-raciais foram tratadas como uma expressão do ideal de branqueamento da população brasileira (GUIMARÃES, 1999; SANTANA, 2004; CARDOSO, 2002; CARNEIRO, 2011). No final do século XIX e início do século XX a mestiçagem era considerada um "perigo" para a formação da nação brasileira. Havia no momento posterior à abolição uma preocupação com a influência negativa da 'herança inferior' dos negros no processo de formação da identidade nacional que interessava à nova ordem econômica e social do País. Segundo Munanga (1999), vários intelectuais da Primeira República acreditavam na inferioridade das raças não brancas e na degenerescência do mestiço. A ideia de degenerescência racial está baseada na crença da existência de raças puras. A mistura entre essas raças poderia gerar indivíduos com desequilíbrios mentais e físicos.

De acordo com Cardoso (2002), no século XIX, o professor de medicina legal na Bahia, Raimundo Nina Rodrigues, defendia o determinismo racial pelo qual a superioridade branca e a inferioridade do negro poderiam ser comprovadas pela teoria evolucionista de Charles Darwin. Deste modo, a única forma de o negro se integrar à estrutura social emergente seria assimilando os valores do branco. Essa assimilação se deu de duas formas: uniões inter-raciais, com o branqueamento lento e gradual da população; e com o incentivo à imigração europeia, no início da formação do mercado de trabalho no Brasil. Já no início do século XX, o pensamento de autores como Oliveira Vianna e Gilberto Freyre trataram de abordar a questão da mistura de raças como um elemento benéfico para a construção da identidade nacional (PACHECO, 2006). Para Oliveira Vianna, o branco europeu contribuiria para refinar e branquear a população brasileira; para Freyre, a mistura de raças favoreceria a redução da distância social entre a casa grande e a senzala.

A ideologia do branqueamento marca as relações raciais no Brasil até os dias atuais, influenciando as trajetórias de vida dos negros, distanciando-os da sua identidade racial de origem e influenciando-os na escolha de padrões estéticos dos brancos. É desta forma que se instaura no País uma hierarquia de cores e fenótipos que reserva ao negro retinto (sem misturas) a base, e ao mulato, o topo da pirâmide. Quanto mais próximo do ideal branco melhor será a aceitação social dos mais claros sobre os mais escuros. Entre os gestores de postos estratégicos em grandes empresas entrevistados, apenas um era mais escuro. Os demais eram mais claros.

Para Carneiro (2011), essa lógica, perceptível no mercado de trabalho, atua com eficácia na fragmentação da identidade negra e limita as ações no campo político para o combate à desigualdade racial.

As barreiras de origem e a trajetória educacional

Sobre as barreiras de origem que influenciaram a trajetória profissional dos respondentes, constata-se que a origem familiar pobre dificultou o término da escolarização e a qualificação profissional. Esses dois atributos são fundamentais para uma inserção mais positiva no mercado de trabalho. Vários gestores são oriundos de famílias pobres e numerosas, conforme alguns relatos transcritos a seguir:

> *Morávamos em uma casa muito pequena; meu pai era carpinteiro e minha mãe do lar. Meus outros irmãos estudaram até o 2º grau. Parei de estudar para trabalhar. Mas o meu sonho sempre foi fazer uma universidade. Somente voltei a estudar mais tarde, quando tive condições de pagar uma escola privada.* (João, entrevista gravada em 27 out. 2010.)

> *Éramos muito pobres... De não ter café da manhã em casa. Os dois [pai e mãe] fizeram apenas o primário. Meu pai, após se aposentar como ferroviário, trabalhou como pintor para complementar a renda, mas não dava para pagar nossos estudos. Ele já havia se aposentado por invalidez. Todos os meus irmãos pararam de estudar... Nós éramos 10 filhos. Mas eu queria continuar, e para não sacrificar a minha família, fui até a escola e me ofereci para trabalhar varrendo e limpando banheiro. O diretor gostou da minha atitude e me colocou para trabalhar na secretaria. Assim, pude continuar estudando.* (Joaquim, entrevista gravada em 24 mar. 2010.)

> *Meus pais são agricultores, praticamente analfabetos. Meu pai me ensinou a trabalhar com ele na agricultura. Minha mãe, apesar de analfabeta, tinha uma visão diferente e queria que eu estudasse. Minha família é muito grande, uns estudaram, outros apenas concluíram o Ensino Fundamental e, depois de adultos, não consideravam importante estudar.* (Renato, entrevista gravada em 25 maio 2010.)

> *Nasci numa cidade, que fica depois de Valadares. Cresci e acabei chegando aos 17 anos em Belo Horizonte. Ao todo somos 10 irmãos... Nossa condição era péssima. Já passamos fome e eu não tenho vergonha de falar e hoje tenho orgulho de ter superado isso.* (José, entrevista gravada em 1º jun. 2010.)

> *Nasci no interior de Minas, em uma família de quatro meninas. Perdi o meu pai muito cedo. Quando ele morreu, eu tinha 10 anos e eu era a irmã caçula. Minha mãe era professora primária nesta cidade e lutou muito para ficarmos juntos. Quando meu pai morreu, perguntaram se ela queria doar a gente para outras famílias. Ela não aceitou e, mesmo com dificuldades, nos criou. Ela sempre valorizou a nossa educação.* (Maria, entrevista gravada em 10 mar. 2010.)

> *A minha condição social era muito ruim. Meu pai era pedreiro e minha mãe cuidava dos onze filhos. Morávamos em uma favela e eu, ainda pequena, vendia verduras para ajudar em casa.* (Ana, entrevista gravada em 13 maio 2011.)

> *Sou órfão. Somos quatro irmãos e eu sou o mais velho. Meu pai morreu muito cedo e minha mãe nos abandonou, então morei um tempo com avós paternos e quando ela faleceu fui morar com avós maternos. Eu sempre morei na casa dos outros, mas acabei ganhando duas mães: minha avó e minha tia. Nossa condição era bem difícil.* (Rafael, entrevista gravada em 30 jun. 2010.)

> *Nossa situação era difícil. Morávamos em uma favela perto do bairro Cruzeiro. Meu pai era alcoólatra e batia na minha mãe e nos meus irmãos. O dinheiro mal dava para comer.* (Dirceu, entrevista gravada em 28 abr. 2011.)

Alguns estudos já apontaram que a pobreza no Brasil afeta mais família negras que famílias brancas. Segundo Hasenbalg (2003), a incidência de pobreza nos domicílios chefiados por negros é maior que o dobro daqueles chefiados por brancos. De acordo com o autor, a relação entre raça e pobreza ocorre em função da distribuição regional dos grupos de cor. As famílias negras no Brasil estão concentradas nas regiões mais pobres do País: Norte e Nordeste. Os processos discriminatórios referentes ao acesso à educação formal e ao mercado de trabalho contribuem para a reprodução da pobreza entre os negros.

> A proporção de negros é maior nas faixas mais pobres da população brasileira e diminui gradativamente nas faixas seguintes, conforme aumenta o nível de renda. Esse quadro permanece praticamente inalterado há pelo menos 25 anos: em 1976, as pessoas que se declararam pretas ou pardas eram 39,5% da população do Brasil e 57,6% da parcela mais pobre; em 2001, os negros eram 46,1% da população e 69,6% dos mais pobres. (MEIRELLES, 2005)

As afirmações de Meirelles apresentam os principais resultados de um levantamento realizado por Rafael Osório no Centro Internacional de Pobreza, do Programa das Nações Unidas para o Desenvolvimento no Brasil (PNUD). O autor do trabalho utilizou os dados da PNAD de 1976, 1986, 1996 e 2001, dividindo a população brasileira em 20 faixas de acordo com a renda. Cada parcela agrupou 5% da população: 5% mais pobres até os 5% mais ricos. Em cada um dos intervalos, verificou-se qual era a proporção de negros no total da população. A partir daí, Osório elaborou um indicador que permitisse apontar se havia mais ou menos negros em cada um dos vinte estratos. Quando havia mais negros na parcela, o indicador era positivo; quando havia menos, era negativo. O resultado demonstrou que, quanto menor a faixa de renda, maior a proporção de negros – e que essa situação não se alterou de 1976 a 2001.

Os últimos dados apresentados pelo PNUD (2011) sobre a pobreza e a desigualdade racial no Brasil demonstram que, em 1990, 37,1% dos negros viviam abaixo da situação de pobreza extrema no País.[21] Em 2008, essa proporção já havia caído para 6,6% – um recuo de 82%. Já para os brancos a redução foi de 16,5%, em 1990, para 2,8% em 2008. Mesmo com a redução observada no período recente, o relatório do PNUD ressalta que a proporção de pessoas muito pobres entre os negros é mais que o dobro da mesma proporção entre os brancos.

É inegável que a pobreza no Brasil é uma questão social complexa, mas não pode ser reduzida à questão racial ou de renda. A pobreza em nosso País é relativa e está relacionada à ausência de habilidades capazes de mobilizar recursos para alterar um estado de privação incompatível com o modo de vida de outros estratos da população. (LAVINAS, 2002; COURA, 2009) O fato de os negros no Brasil se concentrarem nas camadas mais pobres da sociedade e encontrarem barreiras para a superação de sua condição social de origem reproduz a situação de pobreza deste grupo, tornando a variável raça/cor indispensável à análise de formas de superação da pobreza. De acordo com a maioria dos entrevistados, a situação da pobreza, por vezes extrema, foi um dos elementos que impulsionaram ações no sentido de sua superação. Mesmo que essas ações tenham ocorrido mais no campo privado que por meio das lutas sociais, foi o reconhecimento do seu estado de exclusão devido à origem social pobre que os levou a reconhecerem sua atual posição no mercado de trabalho como uma vitória sobre o seu passado.

---

[21] Pessoas que vivem com menos de U$1,25 por dia.

Os entrevistados também vivenciaram dificuldades no processo de formação profissional. Vários deles tiveram pais que não completaram todo o ciclo de escolarização. Em alguns casos foi informado que o pai e a mãe sabiam 'ler e escrever', revelando a não conclusão do Ensino Fundamental. Ricardo foi o único gestor cujo pai havia iniciado – mas não finalizado – o curso Superior em Engenharia.

Hasenbalg e Valle Silva (2003) já haviam concluído que as famílias chefiadas por negros apresentam uma situação de desvantagem se comparada às famílias chefiadas por outros grupos. O nível de escolaridade dos chefes de famílias brancas supera em mais de dois anos os chefes de famílias negras. O tamanho das famílias negras é maior que as famílias brancas, o que dificulta a distribuição dos recursos familiares "centrados nos capitais social, cultural e econômico". A dificuldade das famílias negras de acessar e acumular recursos compromete a socialização das gerações futuras. No caso dos entrevistados, a maioria vem de famílias grandes com o número de filhos variando de cinco a doze.

Já foi ressaltada neste trabalho a importância da escolaridade para a ascensão de todos os grupos sociais e como as atuais políticas públicas no campo da educação têm contribuído para a melhoria dos indicadores de escolaridade da população em geral. É a partir do conhecimento e da qualificação que indivíduos brancos e negros melhoram suas chances de mobilidade social. No entanto, os negros acumulam desvantagens de origem que se reproduzem de geração em geração. Essa seria uma das explicações para o baixo número de negros nos cursos superiores e nos cargos de chefia.

> Na sociedade contemporânea, uma das mais importantes vias de mobilidade social é a educação formal. Para ocupar certas posições de prestígio, é essencial ter qualificação educacional, não basta ser filho de alguém qualificado. Por exemplo, para se tornar médico ou juiz de direito, é necessário ter educação Superior. Ser filho de médico ou juiz não qualifica ninguém como médico ou juiz, o que qualifica são as escolas de medicina e de direito. No entanto, é fato amplamente discutido que filhos de profissionais qualificados têm mais chances que filhos de trabalhadores não qualificados de alcançarem níveis educacionais mais altos. (RIBEIRO, 2006)

Os entrevistados, na longa trajetória para 'chegar lá', enfrentaram entraves para completar sua formação e alguns tomaram a conclusão do Ensino Médio como a finalização dos seus estudos. O caso de Iara ilustra bem o exposto: seu pai tinha uma pequena fábrica de construção de blocos e sua mãe era dona de casa. O pai sabia ler e escrever e sua mãe era analfabeta. Quando o pai faleceu, a condição da família piorou muito. Aos 13 anos, Iara se empregou como doméstica para ajudar a mãe nas despesas da casa e na criação dos quatro irmãos. Iara conseguiu completar o Ensino Médio trabalhando como secretária de uma marmoraria (sem carteira assinada) e ganhando aproximadamente meio salário mínimo à época. Hoje Iara, gerente de uma loja de móveis, não tem interesse em fazer um curso Superior. Segundo ela, seria difícil, neste momento da vida, retomar os estudos. Iara e os demais gestores do setor de comércio vivenciaram dificuldades para retomar os estudos em função da variação de seu horário de trabalho.

Neste setor, a maioria dos empregados faz rodízio de funções, horas extras e, eventualmente, trabalha nos finais de semana e feriados. Quando promovidos ao cargo gerencial, essas condições de trabalho se aprofundaram, inviabilizando ainda mais o retorno aos estudos. Nota-se, no quadro sobre o Perfil dos entrevistados, que a maioria dos gestores do setor do comércio varejista não possuía curso Superior.

> *Minha família sofreu muito. Nossa condição era muito precária, meu pai não tinha condições de arrumar um bom emprego, pois só tinha a 4ª série. Ele conseguiu um emprego melhor na Vale e então fomos morar em Caeté. Nossa casa era ruim, de chão de terra. Eles não tinham condições de dar bons estudos para nós. De Caeté viemos para Belo Horizonte. Aí, sim, ele conseguiu comprar uma casa melhor, mas ele sempre viajava muito e a carga ficava nas costas da minha mãe. Como eu era o mais velho, tinha de ajudar. Foi difícil. Estudamos em escolas públicas. Nem eu e nenhum dos meus irmãos fizemos curso Superior. Hoje todos os meus irmãos têm empregos simples.* (Fernando, entrevista gravada em 30 maio 2010.)

> *Como éramos muito pobres, nossa maior dificuldade na escola era em relação ao uniforme e ao material escolar.* (Rafael, entrevista gravada em 30 jun. 2010.)

> *Eu era bem pobre, morara em casa de três cômodos, minha mãe era semianalfabeta, sabia ler e escrever um pouco. Ela trabalhava como faxineira em uma escola. Ela correu atrás para que eu e minha irmã pudéssemos estudar. Como eu era muito calada, minha diversão era ler e brincar de boneca com a minha irmã. Com cinco anos eu já sabia ler e escrever e com 17 já tinha formado [Ensino Médio].* (Rosa, entrevista gravada em 27 maio 2011.)

> *Ela [a mãe] estudou até o segundo grau, na época o Normal, o Magistério. E a minha mãe, para estudar, teve que enfrentar muitas dificuldades porque na minha*

> *região, que é o centro-oeste de Minas, mesmo ela podendo pagar, muitas escolas não a aceitavam por ela ser negra. Então a própria trajetória dela para estudar e se tornar professora foi difícil... E depois ela fez um concurso público e foi professora da Rede estadual... Ela conta que fez concurso e passou em primeiro lugar, mas não podia assumir o cargo, pois havia candidatos de famílias ilustres da cidade que ainda não haviam sido nomeados. E durante muito tempo ela continuou contratada e não era nomeada por causa de questões políticas e porque não podia sair a nomeação só para ela. Eu acho que esse processo todo da minha mãe marca muito a história dela e a minha.* (Maria, entrevista gravada em 10 mar. 2010.)

No caso de Maria e dos demais gestores que conseguiram avançar na escolaridade, terminando o curso Superior e se especializando em suas áreas de atuação, o incentivo da família, principalmente dos pais, foi fundamental para a superação das dificuldades.

> *Minha mãe era dona de casa e meu pai militar; éramos uma família de classe média baixa. Hoje em dia estão mortos, mas quando vivos, incentivavam muito a educação dos filhos. Eu só podia sair depois de estudar.* (Carlos, entrevista gravada em 15 out. 2010.)

> *Meu pai trabalhava na Petrobras e a minha mãe era dona de casa. Eles não puderam completar a sua educação, mas o meu pai sempre me incentivava nos estudos. Para ele este era o bem mais precioso que poderia nos deixar.* (Luciano, entrevista gravada em 6 maio 2011.)

> *Minha mãe e meu pai sempre incentivavam a nossa educação. Muitas vezes não havia dinheiro em casa para comprar uma folha de papel para levar para a escola. Mas íamos mesmo assim. A escola era longe da minha casa. Eu precisava andar o dia todo para chegar e voltar. Mas eles diziam – você precisa estudar. Essa é uma lembrança forte que guardo deles.* (Pedro, entrevista gravada em 17 mar. 2010.)

> *Meu pai, depois de se aposentar, trabalhou como pintor para complementar a nossa renda. Mas não dava para dar educação para todos nós. Ele garantiu o Fundamental para todos e a partir daí disse que tínhamos que trabalhar. Todos os meus irmãos pararam de estudar nesta época. Mas eu queria algo mais. Eu falei para minha mãe que não queria ser operário. Então minha mãe me incentivou, ofereceu para pagar, mas eu não quis. Eu fui até a escola e me ofereci para ser faxineiro da escola e estudar lá. O diretor gostou da minha atitude e concordou.* (Joaquim, entrevista gravada em 24 mar. 2010.)

Outra questão importante observada é que a maioria dos gestores não é oriunda de famílias desagregadas. Quase todos foram educados com a presença do pai ou da mãe. Mesmo aqueles que foram criados por outros familiares sempre tiveram apoio para concluir seus estudos. Este fato influenciou positivamente a trajetória ascendente dos entrevistados.

Mas não foi apenas a condição social que marcou a fase de escolarização desses gestores. Neste momento de relato de suas trajetórias, muitos foram os casos de discriminação vivenciados nas escolas.

> *Na minha escola meu apelido era 'macaca'. Eu ficava chateada com isso. Toda criança negra, ou pelo menos toda negra, até hoje, que entra na escola descobre o racismo. A escola é um lugar onde se descobre o racismo forte. Porque no ambiente familiar... A família protege, a família cuida muito da gente. E é quando a gente vai para a escola que a gente tem a exata dimensão de que você é diferente. E aí tem a coisa do cabelo que as pessoas sempre estão criticando e ridicularizam, tem a cor da pele. Na adolescência, no interior, é complexo porque a menina negra não tem namorado, é difícil você se relacionar.* (Maria, entrevista gravada em 10 mar. 2010.)

> *Na minha escola falavam que eu tinha o cabelo ruim. Aí eu fazia tranças para ficar melhor. E na rua sempre havia xingamentos [...]. Eu não entendia muito bem porque isso acontecia.* (Ana, entrevista gravada em 13 maio 2011.)

> *Sempre havia piadas racistas na escola, eu não ria... Ficava com aquela cara. Um dia eu estava voltando da biblioteca, quando eu tinha oito anos, e ouvi alguém dizer: ele é negro. Eu procurava não dar muita atenção a isso. Mas eu sempre tive a consciência de que o Brasil é um país racista. Desde muito pequeno.* (Ricardo, entrevista gravada em 2 maio 2011.)

> *Quando eu era criança sempre ouvia piadas sobre a minha cor na escola.* (Flora, entrevista gravada em 28 mar. 2010.)

> *Eu sempre tive problemas com os colegas e com os professores sobre a minha cor. Havia piadas, xingamentos e brigas. As professoras nunca ficavam do meu lado.* (Dirceu, entrevista gravada em 28 abr. 2011.)

> *Eu estudei em escola particular. E teve uma peça de teatro. Uma menina branca deveria me beijar no rosto. Mas ela não quis e eu tenho certeza que foi em função da minha cor.* (Paulo, entrevista gravada em 19 ago. 2010.)

> *Eu brigava mesmo. Saía na porrada na escola. Quando eu cresci comecei a usar o cabelo tipo Black Power. Um dia uma pessoa me parou na rua e disse que estava precisando de uma empregada doméstica... Aí eu respondi: eu também...* (Marta, entrevista gravada em 27 set. 2011.)

> *Quando eu era criança, eu tinha aqueles apelidos: filhote de urubu, crioulo e essas coisas. [...] O menino negro sofre muito. Quando eu era pequeno eu dava porrada. [...] Ficava puto. Eu brigava, saía na mão por causa disso. [...] Muitas vezes eu apanhava e levava ressentimentos para casa. Mas isso não afetava meu desempenho escolar. Eu não deixava isso acontecer.* (Pedro, entrevista gravada em 17 mar. 2010.)

A análise da educação brasileira e das desigualdades raciais vigentes tem sido realizada por Santana (2004), Gomes (2003) e Vieira (2003). Para esses autores, há o despreparo de alguns professores do Ensino Fundamental e Médio para tratar das questões raciais no interior das escolas públicas (onde se concentra a maioria das crianças e jovens negros em idade escolar). Apesar de a ampliação de vagas do Ensino Fundamental, para os negros chegarem à universidade é necessário romper várias barreiras que vão desde discriminações vivenciadas no interior das escolas, como atitudes desfavoráveis e omissas dos professores diante de situações de discriminação neste espaço, até o tratamento diferenciado dispensado às crianças negras. Essa situação pode impactar no rendimento escolar das crianças negras, gerando maior evasão e repetência, além da falta de motivação para avançar nos estudos.

Para Vieira (2003), a reprodução da discriminação nas instituições de ensino se refere aos problemas vinculados à trajetória escolar dos negros (problemas na admissão, na progressão escolar, atraso, repetências e evasões) e aos aspectos ligados à manutenção de estereótipos negativos vinculados aos negros. Essa reprodução está diretamente vinculada à exclusão de conteúdos programáticos que tratam da cultura afro-brasileira[22], à adoção de livros didáticos que reforçam as qualidades positivas da população branca e negativas para os negros e à falta de preparo de alguns professores para tratar destas questões no espaço escolar. Gomes (2003) confirma a tese de outros autores, afirmando que os negros aparecem como os menos alfabetizados e retidos em patamares educacionais mais baixos da escolaridade. Essa situação melhorou do ponto de vista do gênero, mas sob o enfoque racial a situação dos negros continua inferior se comparada a outros grupos. "Um jovem branco de 25 anos tem, em média, mais de 2,3 anos de estudo que um jovem negro da mesma idade". Mesmo com o aumento da esco-

[22] Em 2003, o Presidente Lula sancionou a Lei 10.639, que institui o ensino obrigatório sobre a História e Cultura Afro-Brasileira para os níveis Fundamental e Médio, de escolas públicas e privadas no País.

laridade média para os grupos – branco e negro – ao longo destes últimos anos, o diferencial de escolaridade entre os dois não se alterou de modo significativo.

A família de origem foi importante para repassar aos gestores as crenças e valores que influenciavam as formas de reação quanto às manifestações de discriminação. Basicamente, a mensagem recebida pelos pais, quando não era o silêncio absoluto sobre a questão racial, era a orientação de que os filhos reconhecessem seu lugar subalterno na sociedade. Prevalecia a ideia de que os negros têm um lugar determinado na estrutura social brasileira e que, na medida do possível, deveriam se adequar a essa situação. Os filhos eram orientados a não responder, física ou verbalmente, às provocações que recebiam.

Nesse ponto é preciso ressaltar que, sobre eventos de discriminação racial vivenciados no espaço escolar, dos 25 gestores entrevistados, nove relataram essa experiência. Os demais afirmaram nunca terem sofrido qualquer tipo de discriminação; em alguns casos, os professores e os colegas tiveram uma passagem positiva na trajetória dos entrevistados. Alguns gestores creditaram parte do seu processo de ascensão no mercado de trabalho como fruto do apoio que receberam de alguns professores e colegas de escola à decisão de lutar para não reproduzir as mesmas condições de suas famílias de origem.

> *Acho que nós temos que lutar. Lutar para estudar e não baixar a cabeça. Vencer as dificuldades. Se eu não tivesse estudado não estaria onde estou. A questão do negro está associada à pobreza. Precisamos trabalhar para concluir o Ensino Superior. Tenho duas irmãs que estudaram e duas que não tiveram a mesma trajetória, não estudaram, não fizeram curso Superior. Hoje elas passam por dificuldades. O negro precisa estudar mais que o branco.* (Cida, entrevista gravada em 28 mar. 2010.)

> *Eu tive doze irmãos e nenhum deles completou o Ensino Superior. Como eu falei, o meu pai garantiu o básico de ensino e depois disse que teríamos que trabalhar para ajudar em casa. Mas eu não quis parar de estudar, eu me formei e disse para a minha mãe: eu não quero isso para mim. Eu não quero ser operário como o meu pai, eu não quero trabalhar só para pagar o arroz com feijão. Eu quero um dia ter a minha família e levar meus filhos ao cinema, ao teatro e comprar um carro. Minha mãe apoiou minha decisão, e meu pai foi contra. Mas eu já estava decidido.* (Joaquim, entrevista gravada em 24 mar. 2010.)

Ao analisar a situação atual dos gestores e comparando-a com sua família de origem, fica evidente que todos superaram as condições vivenciadas por seus pais, seja do ponto de vista econômico, educacional ou na perspectiva da realização profissional. Os entrevistados oriundos de famílias grandes se destacaram mais que todos os seus irmãos. Com exceção daqueles gestores que estão no comércio varejista, que vivenciam condições de trabalho que dificultam o retorno aos estudos, todos os demais apontaram a escolarização como fundamental para o seu sucesso profissional. Em vários momentos, os entrevistados destacaram a importância da escola pública em sua formação, em uma época na qual o ensino público apresentava 'uma qualidade superior', se comparado aos dias atuais. Com condições financeiras mais favoráveis, a maioria dos entrevistados mantém os filhos em escolas privadas, por acreditarem que essas instituições preparam melhor as crianças e adolescentes para os desafios.

É preciso lembrar que a capacidade de converter anos de estudo em ganhos simbólicos e materiais depende de outras variáveis. Segundo Lemos, Dubeux & Soares Pinto (2009), a teoria do 'capital humano', elaborada originalmente por Schultz (1902-1998), considerava os investimentos realizados em educação formal como um elemento estratégico fundamental para impulsionar a ascensão social dos indivíduos e, consequentemente, contribuir para o desenvolvimento econômico e social das nações. No entanto, revisitando a obra de Pierre Bourdieu (1930-2002) sobre a mobilidade social na França, esses autores alertam para a necessidade de considerar, assim como fez Bourdieu, a influência do capital econômico, cultural e social na reprodução da condição dos indivíduos com o mesmo aporte educacional.

O 'capital econômico' está relacionado aos recursos físicos e materiais que a família de origem pode disponibilizar aos seus filhos: computador com acesso à internet e local adequado para os estudos; recursos financeiros para pagamento de mensalidades em escolas privadas; contratação de aulas de reforço; pagamento de despesas de transporte, etc. O 'capital cultural' está diretamente vinculado à escolaridade dos pais e demais membros da família. Um jovem que convive em um ambiente onde os estudos, a leitura e a informação estão continuamente presentes valoriza mais os investimentos em educação que aqueles que não experimentam essas situações. Este capital influencia os níveis de evasão escolar, em função das dificuldades encontradas ao longo da aprendizagem pela falta de apoio e motivação da parte dos demais membros da família. Por fim, o 'capital social', segundo Hasenbalg & Valle Silva (2003), seria uma espécie de filtro que converte o capital econômico e cultural em condições mais ou menos favoráveis à socialização das crianças. O 'capital social' se refere, por exemplo, às relações da família de origem com outros atores sociais capazes de oferecer oportunidades no campo profissional.

Hasenbalg & Valle Silva (2003), em um estudo sobre as chances de progressão escolar com os recursos familiares disponíveis aos jovens no Brasil, realizado a partir dos dados da PNAD de 1981 até 1999, concluíram que os jovens brancos desfrutavam de maiores vantagens nas transições escolares ao longo de todo o processo educacional em função do acúmulo maior de capital econômico, cultural e social. No entanto, os autores chamaram a atenção para a alteração desta tendência ao longo do tempo: "pode-se dizer que, se a seletividade racial no sistema escolar é significativa e perversa, observa-se a tendência de mitigamento destas desigualdades nas chances de escolarização".

A inserção no mercado de trabalho

Os negros ingressam mais cedo no mercado de trabalho. A maioria dos entrevistados iniciou sua vida profissional por volta de 16 anos, na tentativa de ajudar financeiramente a família. A primeira experiência profissional aconteceu pela via da informalidade ou pela ocupação de empregos precários e mal remunerados.

João, por exemplo, começou a trabalhar aos 13 anos em uma serralheria e, depois, trabalhou como ourives. Essas duas ocupações não foram registradas em sua carteira de trabalho. Pedro, que morava na zona rural de sua cidade, trabalhava na roça ajudando seu pai. Joaquim começou trabalhando na secretaria da escola, na qual cursou o Segundo grau. Depois, trabalhou como caixa em uma pizzaria. Carlos ingressou no mercado de trabalho como militar aos 19 anos e, quando foi aprovado no vestibular para o curso de Economia, rapidamente conseguiu emprego em um Banco privado. Paulo, aos 17 anos, trabalhou como ajudante em uma loja de roupas. Caio trabalhou aos 12 anos como jardineiro e dos 14 aos 18 anos como *office-boy*. Rafael também se beneficiou, aos 14 anos, de um programa social e conseguiu sua primeira ocupação como menor aprendiz, em um Banco público. Vitor vendia laranjas nas ruas com 12 anos de idade. Ricardo se empregou como *office-boy* aos 16 anos.

Os empregos eram precários e pagavam baixos salários, mas possibilitavam aos gestores o estudo noturno e a ajuda no sustento da família. Marta trabalhava fazendo tranças antes de prestar o concurso que lhe deu acesso à instituição bancária onde trabalha atualmente. Ana começou vendendo verduras com a mãe aos 10 anos de idade. Cida e Flora trabalharam como babás: Flora aos 11 e Cida aos 16 anos. Rosa trabalhou como auxiliar de produção em uma fábrica de cosméticos quando tinha apenas 15 anos. Iara foi empregada doméstica aos 13 anos.

Os gestores que possuíam uma condição social um pouco mais favorável ingressaram de forma menos precária no mercado de trabalho. Este foi o caso de Maria, Dirceu e Luciano. Maria saiu do interior do estado e chegou a Belo Horizonte para ocupar o cargo de professora em uma escola municipal. Dirceu, ainda menor de idade, ingressou em uma grande montadora de automóveis como aprendiz. Luciano ingressou no mercado de trabalho como estagiário do curso técnico em mecânica. Durante essa etapa de vida dos gestores foram relatados episódios de discriminação racial, vários ligados a insultos e ofensas racistas:

> *Depois que formei no colegial, fui trabalhar em um escritório como auxiliar financeiro. Comecei a fazer faculdade. Trabalhando em um Banco, tinha um chefe negro que só cumprimentava a secretária loira e eu ficava incomodado com isso. Quando comecei a trabalhar como datilógrafo, e o chefe percebeu que eu era bom de serviço, passou a me respeitar e a me cumprimentar.* (Paulo, entrevista gravada em 19 ago. 2010.)

> *Meu primeiro emprego formal, com carteira assinada, foi como apontador de obra, empreiteiro de obra de estrada federal. Em 1980, quando eu tinha 20 anos, me casei e fui trabalhar enchendo caçamba de um caminhão com minério até que, nesta mesma empresa, apareceu a oportunidade de trabalhar como balanceiro, pesando os caminhões. Um dia, nesta mineradora, quando estávamos jogando baralho na hora de descanso, um colega levantou e disse "Ô crioulo, filho da puta". Tivemos uma discussão e ele me pediu desculpas. Mas sempre acontecia uma coisa ou outra. Eu ficava chateado, mas não deixava essas coisas atrapalharem o meu serviço.* (Pedro, entrevista gravada em 17 mar. 2010.)

> *Quando trabalhei como técnico em eletrônica, tive alguns atritos com clientes por causa do prazo de entrega dos aparelhos. Aí sempre aparecia alguém com xingamento de crioulo, negro, vagabundo, preto não presta... Essas coisas. Aí não aguentei... Entreguei todo o serviço, joguei todas as minhas ferramentas fora e fui trabalhar como vigilante. Fui trabalhar como segurança no metrô. Muitas vezes, precisava chamar atenção de algum usuário, para não depredar a estação e muitos não aceitavam. Chamavam-me de negro e burro.* (Pedro, entrevista gravada em 17 mar. 2010.)

> *Eu nunca prestei muita atenção a essas coisas de cor... Mas me lembro que, depois que saí do meu emprego de babá, fui trabalhar como auxiliar de produção em uma fábrica de móveis. Quando tinha um serviço mais pesado, o chefe sempre me mandava fazer. Quando o serviço era mais leve, a minha colega branca fazia.* (Cida, entrevista gravada em 28 mar. 2010.)

Os insultos e ofensas racistas vivenciados pelos gestores durante a infância, adolescência e nas primeiras experiências de trabalho remunerado é prática comum na sociedade brasileira. Segundo Guimarães (2000), a prática de insultar o outro está diretamente ligada a um tipo de relação de poder vinculada à reprodução de uma ordem moral ou à legitimação de uma hierarquia entre os grupos sociais. Os insultos raciais procuraram legitimar a hierarquia social baseada na ideia de raça.

Os insultos e ofensas raciais estão vinculados ao estigma social. Goffman (1963) define estigma como uma marca física ou moral que determinado indivíduo possui, perceptível nas relações sociais de maneira tão marcante que impede que outras características do indivíduo estigmatizado sejam percebidas. Quando somos apresentados a estranhos, alguns atributos se destacam e nos ajudam a preconceber a sua "identidade social". O caráter que é imputado ao indivíduo estranho, a partir do que se espera dele, é chamado pelo autor de "identidade social virtual". Já os atributos e características que este mesmo indivíduo realmente possui são chamados de "identidade social real".

Para Goffman (1963), os indivíduos podem ser classificados em determinadas categorias sociais. Nestas categorias, de acordo com o ambiente social, encontram-se atributos considerados comuns entre seus membros. Quando não há divergência entre a identidade social real e a social virtual, os indivíduos são considerados "normais". Em algumas situações, ocorrem divergências entre o que o indivíduo é e aquilo que se espera que ele seja. Quando há essa discrepância, o estigma se revela. O estigma é, muitas vezes, depreciativo. O estigmatizado sofre as consequências de possuir determinados atributos. Quando se percebe que um indivíduo possui um atributo que não condiz com o que se espera como "normal", ele passa a ser estigmatizado. A decorrência do estigma, para o estigmatizado, é o isolamento ou a discriminação.

O estigma é um fenômeno relacional percebido nas interações sociais. A relação entre 'estigmatizados' e 'normais' pode ser tensa. Atitudes de discriminação podem gerar uma reação defensiva ou de retraimento do estigmatizado. Esse desconforto no contato entre o estigmatizado e o normal pode gerar a tendência de se evitar relações mistas.

De acordo com Goffman (1963), há três tipos de estigmas: as deformidades do corpo, as culpas de caráter (homossexualidade, por exemplo) e os estigmas de raça, nação e religião. Quando o estigma é imediatamente percebido na relação social, o estigmatizado é considerado como "desacreditado"; quando o estigma é dissimulado, ou não percebido imediatamente, o indivíduo é "desacreditável". Essas duas definições são fundamentais para a construção da personalidade do estigmatizado e sua relação com o seu estigma e com os demais grupos sociais.

O autor trata dos tipos de reação que o estigmatizado pode adotar: o estigmatizado que aceita a sua situação pode tentar corrigir a base do seu estigma (por exemplo, por meio de cirurgias plásticas) ou, ainda, atingir resultados não esperados em função do seu estigma (por exemplo, um negro ocupando um alto posto em uma grande empresa no Brasil). A ideologia racial perpetuada no Brasil pelos meios de comunicação, pela indústria cultural, pelo sistema de ensino e outras instituições "arma" aquele que discrimina com argumentos que parecem consistentes, para justificar sua posição privilegiada de controle e poder na hierarquia social. O negro, quando estigmatizado, é visto como o outro, diferente, estranho e que pode ser ameaçador.

No entender de Ianni (2004), o preconceituoso 'inventa' o discriminado a partir de símbolos, signos e estereótipos, que levam o estigmatizado a criar uma "contraideologia" de protesto, indignação e emancipação. Nesta relação de poder, os superiores se esforçam para manter a ordem que, no Brasil, gira em torno da ideia de democracia racial – um conceito cruel, pois "implica neutralizar eventuais reações ou protestos, reivindicações ou lutas dos estigmatizados, definidos de antemão como participantes tolerados da comunidade nacional".

Apesar de os insultos e ofensas fazerem parte da trajetória dos gestores pesquisados em outros momentos de seus percursos, não há muitos relatos desses episódios por ocasião da inserção no mercado de trabalho. Esse fato talvez esteja relacionado à qualidade dos cargos ocupados no início da vida profissional. Os negros estão confinados em cargos inferiores da estrutura ocupacional do mercado de trabalho. Não há porque discriminar se, pelo menos naquele momento, eles estão "no lugar que deveriam estar". Para a análise do início da vida profissional dos entrevistados, não se pode desconsiderar como o peso da escolaridade e da condição social familiar influenciaram nas escolhas. Um ponto comum na maioria das entrevistas foi exatamente o início difícil no mercado de trabalho que despertou nos gestores a necessidade do investimento em comportamentos que pudessem ajudá-los a transpor as possíveis barreiras no processo de ascensão profissional.

A trajetória na empresa atual

A trajetória profissional dos gestores foi distinta. Pedro, gestor operacional em um *shopping center*, começou trabalhando muito cedo na lavoura com o pai; depois, trabalhou como apontador de uma obra federal; em uma mineradora e foi soldado da polícia militar, permanecendo nesse cargo por dois anos. Neste período, se envolveu em um episódio de agressão para se defender e acabou sendo expulso da corporação.

Depois desse evento, Pedro começou a trabalhar como revendedor de cerveja. O serviço era pesado e cansativo. Enquanto isso começou a frequentar uma igreja evangélica, o que lhe abriu as portas para os estudos novamente, voltando a cursar o Ensino Médio, com dificuldades. Na sequência, trabalhou como técnico em eletrônica e segurança no trem metropolitano em Belo Horizonte. Pedro resolveu sair do último emprego e voltar para sua cidade de origem. Ficou desempregado durante sete meses, voltou para Belo Horizonte e se empregou como faxineiro em um prédio comercial. Foi a partir deste momento que sua trajetória profissional começou a mudar.

> *Eu fazia meu trabalho [de faxineiro] tão bem que todos comentavam comigo: você precisa tomar conta de pessoas, seu serviço é muito bom. Aí, eu falei: na hora que surgir alguma oportunidade de encarregado eu gostaria de tentar. Consegui o cargo de encarregado de limpeza, em um órgão público de BH. Foi quando percebi que quase ninguém entende nada sobre serviços de limpeza. Então, comecei a estudar e ler muito sobre isso. Aprendi muito sobre produtos e serviços de limpeza. Aí, apareceu a oportunidade de ser supervisor. Eu tomava conta de uma equipe de 40 pessoas. Fiquei nesta empresa, subi de cargo e aí começa a minha história no Shopping. Eu era supervisor da limpeza da obra do Shopping. Eu coordenava o trabalho de 3.000 homens. Quando o Shopping começou suas operações, eles me convidaram para ser o supervisor de limpeza. Fiquei um tempo nesta empresa, depois eles terceirizaram este serviço e eu fui trabalhar em uma multinacional que gerenciava o setor operacional de várias empresas. Trabalhei em um hospital ajudando a implantar a parte operacional de limpeza e vigilância. Sempre trabalhando na mesma área, fui acumulando experiência. Nesta época, recebi um e-mail me*

> *convidando para participar de uma entrevista. Achei interessante e fui. Não sei como eles me encontraram. Eu já havia voltado a estudar e estava completando o curso de Administração. Então, consegui o cargo de gerente operacional de outro Shopping e estou neste cargo há quatro anos.* (Pedro, entrevista gravada em 17 mar. 2010.)

Pedro foi questionado sobre o processo de seleção que o levou ao cargo de gerente operacional do *Shopping*. Segundo ele, havia mais dois candidatos concorrendo à vaga e, na sua visão, sua escolha ocorreu devido ao salário negociado para a função. Pedro aceitou um salário menor do que havia sido oferecido aos demais concorrentes.

Atualmente, Pedro gerencia diretamente 172 pessoas e acompanha as tarefas operacionais relativas à segurança, limpeza e manutenção das instalações do *shopping*. Para esse serviço, conta com a ajuda de uma secretária.

Joaquim começou como estagiário, depois ocupou os cargos de auxiliar de pessoal, técnico de pessoal, coordenador e, finalmente, foi promovido a gestor de pessoal de um Grupo industrial onde trabalha atualmente. Joaquim é responsável pelas atividades operacionais (admissão, controle e demissão) de todo o pessoal de um grande grupo industrial de Minas Gerais. Para esse serviço, comanda diretamente 78 empregados no Brasil, cinco na Argentina e dois na Venezuela. Para a execução destas atividades, ele conta com o apoio de 10 empregados. Seu principal desafio no cargo é padronizar todos os processos referentes à gestão operacional do Grupo.

Marcelo começou como auxiliar de produção em um supermercado, atuando como embalador, depois trabalhou como caixa, auxiliar de perecíveis, repositor de mercadorias e, quando surgiu uma oportunidade, foi nomeado gerente comercial de uma das unidades comerciais desta Rede.

Joaquim e Marcelo percebem que as empresas utilizaram como critério de promoção o tempo de casa, a dedicação e a experiência em outros cargos. Ambos acreditam que foram promovidos por mérito, pelo diferencial do desempenho e pela dedicação à empresa. Para Joaquim, houve também um pouco de 'sorte' em sua trajetória.

> *A vida é feita de oportunidades. Eu acredito que cheguei aonde cheguei por estar no lugar certo, na hora certa e pensando na coisa certa. Na minha carreira, eu quis entrar onde a coisa não estava pronta, e isso é o meu diferencial. Fazer a mesma coisa que as pessoas fazem há 20 ou 30 anos não adianta, é preciso inovar.* (Joaquim, entrevista gravada em 24 mar. 2010.)

Marcelo afirma que sua ascensão aconteceu devido à sua facilidade em trabalhar com números e pessoas. Após ter passado por quase todas as funções do supermercado, acabou acumulando uma grande experiência para exercer bem essa responsabilidade. Cabe ressaltar neste ponto que todos os demais gerentes de supermercados entrevistados tiveram trajetórias semelhantes. Começaram em cargos operacionais para chegarem ao cargo gerencial. Esse percurso durou em média cinco anos e a adaptação às condições de trabalho do setor foi fundamental para a permanência e ascensão nestes casos.

Após atuar como gestor por aproximadamente oito anos em supermercado, Marcelo participou de um processo de seleção em outro e foi contratado como gerente de uma unidade em um *shopping center*, localizado na região centro-sul de Belo Horizonte. Marcelo afirmou que a mudança para o novo supermercado ocorreu devido, principalmente, às melhores condições de trabalho e remuneração que lhes foram oferecidas.

Carlos e Paulo têm uma trajetória diferenciada dos demais, pois ambos atuam em organizações públicas. Carlos trabalha em um órgão de segurança ligado ao Estado e Paulo é assessor de comunicação em uma prefeitura. Eles foram indicados para os cargos que ocupam. Carlos chegou ao posto de comando pelo seu envolvimento com grupos e organizações não governamentais que faziam monitoramento de políticas voltadas para a segurança pública no País. Ele foi funcionário público federal e, após estudar e aprofundar os conhecimentos sobre a atividade policial no estado foi convidado a assumir o cargo que ocupa atualmente. Carlos coordena aproximadamente 12.000 pessoas espalhadas em vários órgãos de segurança pública. Entre outras atividades, é responsável pelo bem-estar físico da população carcerária de Minas Gerais.

Paulo foi bancário, trabalhou no INSS e, quando cursava Jornalismo, estagiou em um Jornal. Como bancário, Paulo trabalhou como escriturário do setor de inspetoria. Seu superior, à época, era negro e criava várias dificuldades para Paulo durante o serviço: *"Ele era negro e quando chegava ao Banco não cumprimentava ninguém, apenas a sua secretária, que era loura, de olhos azuis. Eu não existia para ele. No entanto, eu era muito bom na datilografia e ele acabou percebendo isso."* (Paulo, entrevista gravada em 19 ago. 2010.) Ainda cursando Jornalismo em uma universidade privada, Paulo foi convidado para trabalhar na Assessoria de Comunicação de uma grande montadora de veículos. Ele aceitou e, pouco depois, recebeu um novo convite para retornar ao Jornal, onde havia atuado como estagiário na época da Graduação. O convite era para coordenar o projeto de implantação de uma rádio vinculada ao Jornal. Paulo resolveu sair da montadora. Quando atuava nesse órgão, seu superior foi convidado a chefiar a área de jornalismo de uma grande emissora de TV e o chamou para acompanhá-lo. Paulo, então, chefiou a área de reportagens da emissora.

Em 2005, Paulo foi convidado para assumir a Assessoria de Comunicação de uma prefeitura da Região Metropolitana de Belo Horizonte, posto que ocupa atualmente. Neste cargo, Paulo é responsável pela divulgação de todas as informações sobre a prefeitura e, particularmente, sobre o prefeito. Ele também assessora o prefeito na preparação de discursos, na concessão de entrevistas a emissoras de TV, jornais e rádios e nas publicações oficiais da prefeitura. Neste trabalho, Paulo coordena diretamente as atividades de 25 pessoas. Neste caso, percebe-se que a experiência acumulada em diversas organizações do setor de comunicação foi fundamental para Paulo ocupar o lugar atual.

João, presidente de uma associação de empregados de um Banco público, começou sua carreira como escriturário, eventualmente assumia o posto de gerência na ausência do responsável pela área, e foi promovido a supervisor. Quando essa instituição passou por um processo de reestruturação organizacional, João percebeu que perderia seu cargo de chefia e se candidatou em uma chapa para assumir a associação dos empregados, como diretor executivo. No ano seguinte, candidatou-se a diretor de esportes e, posteriormente, a presidente da associação. Trata-se de uma associação de grande porte, presente em 17 cidades de Minas Gerais, com aproximadamente 6.500 membros entre funcionários ativos e aposentados. Além de promover projetos sociais, culturais e de lazer, a associação participa diretamente das discussões sobre as relações e as condições de trabalho de seus associados.

Quanto às mulheres, a ascensão ao atual cargo não difere muito da experiência dos homens. Ana, por exemplo, trabalhou como embaladora, operadora de caixa, secretária, subgerente e depois foi promovida a gerente. Fica claro que a empresa adota um tipo de carreira linear, na qual se destacam variáveis como dedicação, tempo de casa e experiência em vários setores. É desta forma que as organizações testam a confiança dos empregados para ocuparem postos mais elevados na estrutura organizacional. Marta foi aprovada em uma seleção interna do Banco para ocupar o cargo gerencial. Segundo a entrevistada, os principais critérios foram experiência e conhecimento da área objeto da seleção. Flora atuava na área da educação e, quando se formou em Jornalismo, foi convidada a ocupar o cargo de Assessora de Comunicação de uma prefeitura.

Rosa começou na atual empresa como vendedora:

> *Entrei em 1994, como vendedora. Fiquei nesse cargo por nove anos e fiz muitos cursos para melhorar o meu contato com os clientes, melhorar a interação e depois de nove anos surgiu uma oportunidade. Uma gerente foi para São Paulo e minha superior me convidou para fazer esta troca. Aceitei, e no início foi muito difícil, temos de aceitar o tempo de cada um, mas continuei a fazer cursos e fiz faculdade, pois a área comercial envolve muito da área administrativa. Fiz Gestão Comercial, me formei em 2008, e estou fazendo pós-graduação agora.* (Rosa, entrevista gravada em 27 maio 2011.)

Para as entrevistadas, competência, experiência, mérito e comprometimento organizacional foram variáveis determinantes para o sucesso profissional que obtiveram nas empresas onde atuam. Mesmo na ausência de sistemas formalizados de gestão de carreiras, os entrevistados passaram pela avaliação de seus superiores para ascenderem profissionalmente e a indicação, fruto desta avaliação, foi a ferramenta de promoção mais citada nos depoimentos.

A gestão de carreiras nas organizações brasileiras está inserida no conjunto de atividades que caracterizam o planejamento de recursos humanos das empresas. Além da descrição e especificação dos cargos que serão ocupados, as empresas se preocupam em traçar uma linha de sucessão baseada na avaliação de desempenho dos empregados e nos investimentos realizados em treinamento e desenvolvimento. (LUCENA, 1995) No campo teórico da Administração, a carreira é compreendida como um ofício ou uma profissão que apresenta etapas e indica um caminho de progressão quase sempre linear. (CHANLAT, 1995)

A noção de gestão de carreira está vinculada à hegemonia do discurso gerencial e da nova visão da gestão de RH, que considera a importância do capital humano para o sucesso dos negócios. É necessário criar políticas e práticas compensatórias para premiar o bom desempenho, além de formas para fortalecer o vínculo entre os interesses da empresa e os interesses dos bons empregados. Para os empregados, a carreira significa uma oportunidade de promoção e ascensão social. Conforme Chanlat (1995), a entrada e permanência das mulheres na esfera produtiva, a flexibilização do mercado de trabalho, o aumento do grau de escolaridade dos indivíduos contribuíram para que a maioria das organizações abandonasse os modelos tradicionais de gestão de carreiras e adotasse uma nova perspectiva. O modelo de carreira tradicional, burocrático, linear e vertical foi substituído pela perspectiva da instabilidade, descontinuidade e horizontalidade da trajetória profissional.

Segundo Araújo (2006), não se deve considerar a carreira como um caminho plano, asfaltado e conservador, que levará automaticamente os indivíduos ao sucesso profissional e pessoal. Longe disso, um plano de carreira é resultado de uma sequência de eventos não simétricos em constante construção e, por vezes, em desconstrução, influenciados por diversas e complexas variáveis (cultura e valores organizacionais, posição da empresa no mercado, estilo de gestão, tipo de negócio, expectativas dos empregados, etc.). A partir da década de 1990 novos conceitos foram incorporados à noção de carreira como espaço e projeto de vida, articulação entre trabalho, lazer e vida familiar, qualidade de vida, necessidades e desejos individuais, entre outros (KILIMNIK, 2000). O que se observa atualmente nas organizações é a transferência da responsabilidade pela construção do plano de carreiras da empresa para o empregado. As grandes empresas, que empregam profissionais mais qualificados, adotam o planejamento de carreira como estratégia de retenção dos empregados.

A partir dos relatos dos entrevistados foi possível constatar que a maioria das empresas não possui um sistema estruturado de gestão de carreiras, com políticas impessoais de promoção e de reconhecimento. Pelo contrário, quando indagados sobre os critérios de promoção, a maioria afirmou que foi indicação de um superior ou do sócio-proprietário da empresa. No entanto, por meio da pesquisa realizada, foi possível identificar dois modelos de carreiras que ajudam a compreender a trajetória ocupacional dos entrevistados: a carreira do tipo burocrática e a carreira do tipo profissional.

A carreira burocrática é mais comum em instituições públicas. Essas instituições, compreendidas como organizações burocráticas, possuem carreiras do tipo piramidal com níveis de responsabilidade bem definidos em cada segmento. O tempo de casa, o concurso como forma de acesso inicial e a seleção interna formam a base para o seu processo de promoção. Durante o percurso profissional na organização, os empregados se qualificam para ocupar postos superiores. No processo de preenchimento dos cargos gerenciais, além de seleção interna e avaliação do desempenho e do perfil do empregado, há a etapa de entrevista com os gestores de nível hierárquico superior. Esse foi o processo relatado pelos entrevistados dos Bancos públicos: Marta, Rafael e Roberto.

Rubens, o único gerente de Banco privado da pesquisa, já ocupava um cargo gerencial em um Banco público estadual. Quando este Banco foi adquirido pelo Banco privado onde atua, ele manteve o seu cargo: gerente de operações. No Banco atual não há nenhuma política de promoção formalizada e Rubens fez questão de registrar a "sub-representação" dos negros em postos de comando neste Banco e no setor bancário como um todo. *"Não há negros em postos de chefia neste e em outros Bancos privados. Mas o setor bancário não quer discutir essa questão"* (Rubens, entrevista gravada em 27 jul. 2010.). Sua progressão no Banco público foi linear e vertical. Ele entrou como escriturário por concurso público, assumiu o cargo de caixa, passou a subcoordenador de área até chegar ao posto de gerente da área de câmbio. Depois assumiu o posto de gerente de operações em outra agência deste Banco.

O outro modelo de carreira é o tipo profissional. Neste caso, a trajetória profissional se baseia no domínio de algum saber, da especialização, da profissão e da reputação. (CHANLAT, 1995) Não é uma carreira do tipo vertical, como o modelo burocrático. A ascensão ocorre em função do conhecimento e da experiência acumulados. A carreira do tipo profissional não está vinculada a uma organização em particular. O empregado tende a desenvolver uma lealdade maior com sua profissão que com a empresa onde atua. Neste sentido, sua mobilidade ocupacional é maior.

Este tipo de carreira está presente nos relatos de Luciano e Ricardo, que atuam em grandes grupos industriais. Luciano, formado em Engenharia Mecânica, deixou um emprego estável para aceitar uma vaga de estagiário na empresa onde atua, por acreditar que teria mais chances de desenvolver seu potencial. Sua avaliação para chegar ao posto gerencial desta empresa ocorreu a partir de seus resultados operacionais e da avaliação de seu superior imediato. Nesta organização não havia sistema de promoção ligado à gestão de recursos humanos, mas a figura de um tutor, um mentor, que aconselhava e orientava o empregado a definir melhor o seu rumo profissional na organização.

Ricardo, formado em Engenharia Civil, sempre investiu em seu desenvolvimento profissional. Concluiu o mestrado na área e realizou cursos de treinamento no Exterior. Ricardo gerenciava uma área em outra organização industrial quando foi convidado para atuar na empresa onde ocupa o cargo gerencial. Ele já entrou na empresa em um cargo de nível superior, foi bem avaliado e promovido ao cargo atual. Ricardo gerencia a área de planejamento, custos e riscos de toda a organização. Nesta empresa, o modelo de gestão de carreira é bem estruturado e vinculado à avaliação de desempenho. Todos os anos, a empresa forma um comitê de qualidade com a função de avaliar os empregados. O comitê é formado por um grupo de gestores de alto nível, que avalia o potencial dos empregados, o cumprimento de metas e o alinhamento entre os resultados e os objetivos estratégicos da empresa. Com o parecer do comitê, o empregado é indicado para uma possível promoção quando a vaga surgir. Foi o que aconteceu com Ricardo. Segundo ele, esse processo está em fase de implantação e a intenção é eliminar a subjetividade nos processos de promoção.

No caso de gestores do setor comercial, homens e mulheres, o processo de ascensão ocorreu devido à experiência acumulada, à lealdade do empregado com a organização e pela indicação da chefia imediata. Não foi relatado nenhum tipo de critério de avaliação ou promoção mais objetivo, baseado em processos de avaliação de desempenho formalizado ou no registro sistemático do resultado do trabalho.

Iara resume bem a subjetividade deste processo: *"A dona da loja ficava observando o meu trabalho de vendedora e, quando surgiu a oportunidade, ela me ofereceu este cargo. Acho que ela estava de olho em mim."* (Iara, entrevista gravada em 27 jul. 2011.) Três gestores de supermercados, que gerenciavam lojas na periferia de Belo Horizonte, alegaram que foram escolhidos porque se identificavam com os consumidores locais. Para seus superiores, este fato poderia facilitar a comunicação entre a empresa e seus clientes.

A exceção fica por conta de Marcelo. Ele foi contratado diretamente para o cargo atual sem ter passado por outros cargos na organização. No seu caso, a sua experiência em outro supermercado foi determinante para a ocupação da função atual. Parece que, mesmo em setores mais tradicionais e intensivos em mão de obra, como é o caso do comércio varejista, há disputa por profissionais que se destacam no trabalho. Marcelo saiu de uma Rede de supermercados mais popular e acabou gerenciando uma loja de supermercado em um *shopping center* na zona sul da capital mineira. Indagado sobre como o atual empregador o havia identificado, ele afirmou que, provavelmente, foi indicação de colegas.

Os gestores que atuavam em prefeituras e outros órgãos públicos chegaram ao posto gerencial por indicação política ou pessoal. Este é o caso de Carlos, Cida, Maria e Flora. Maria, a única mulher negra a ocupar uma Pasta em uma prefeitura da Região Metropolitana de Belo Horizonte, atribui sua nomeação à sua trajetória de dedicação aos problemas da educação pública, à sua identificação com a categoria dos professores do município e à sua atuação política. Já os gestores das organizações não governamentais (conselho e associação) foram eleitos por seus pares para ocupar o atual posto.

Em quase todos os casos, os entrevistados vivenciaram algum evento de discriminação ou preconceito racial em sua trajetória de ascensão na organização onde atuam. Até mesmo em organizações públicas, com carreiras mais burocráticas, estes eventos foram informados.

Rafael, gerente em um Banco público, ingressou na instituição bancária como menor aprendiz. Com a ajuda desta mesma instituição, conseguiu dar continuidade aos estudos e acabou sendo selecionado como estagiário no local em que já trabalhava. Logo que se formou como técnico em Contabilidade, antes do término do seu estágio, ele se desligou do Banco para se empregar em uma organização privada. No mesmo ano, foi aprovado em concurso público para trabalhar na mesma instituição bancária onde havia iniciado suas atividades profissionais. Trabalhou como escriturário durante três anos, foi promovido a auxiliar de gerente e depois assumiu o cargo de gerente de relacionamento em outra agência deste mesmo Banco. Rafael gerencia diretamente 20 funcionários e acompanha o desempenho das movimentações financeiras de pessoas físicas e de produtos, como cartão de crédito e seguro de vida. Durante a entrevista, ele reconheceu que a sua origem social e a sua cor influenciaram o seu processo de ascensão no Banco.

> *O meu setor cuidava de contas correntes de pessoas com renda de até 700 reais. É um valor baixo. Eu me identificava muito com os clientes, pois eu também era de origem pobre. Isso facilitava muito o meu relacionamento com eles. Falávamos a mesma língua. Eu não precisava mudar em nada para atendê-los. Acho que a minha origem social acabou ajudando no desempenho do meu cargo.* (Rafael, entrevista gravada em 30 jun. 2010.)

Mesmo com esta percepção, Rafael reconhece que a cor acabou sendo uma barreira para a ocupação do seu primeiro cargo gerencial no Banco.

> *Havia muita competição interna no Banco. Logo que fui aprovado no concurso, a turma do concurso anterior já ficou desconfiada, pois achava que seríamos promovidos antes deles. Mas isso não aconteceu. Aconteceu outro fato. Logo que entrei no Banco como funcionário, entrou uma colega também 'escurinha'. Nós dois fomos designados para trabalhar no setor administrativo. Ao todo éramos 16 novos empregados. Somente nós dois éramos negros. Fomos colocados para trabalhar no arquivo do Banco, que é um setor de retaguarda. Não tínhamos contato com o público. Trabalhávamos com controle e pesquisa de documentos, distribuição de extratos e coisas assim. Todos os colegas brancos foram promovidos antes. Nós fomos os últimos. Um dia, um colega meu se indignou e perguntou ao chefe do setor: 'escuta, não vai haver um rodízio de funções? Eles (eu e a minha colega) estão há muito tempo no mesmo setor'. O chefe respondeu: "Não, o lugar deles é*

> *aqui"... Meu colega ameaçou acionar o sindicato e eu disse para ele não mexer com isso... Afinal, ainda estávamos em estágio probatório e isso poderia nos prejudicar. Assim eu e essa minha colega demoramos mais que os outros a "subir" no Banco. Da minha turma de concurso, eu fui o último a ser promovido.* (Rafael, entrevista gravada em 30 jun. 2010.)

Foi possível registrar outros depoimentos que evidenciam os conflitos dos gestores no dia a dia de suas funções. A maioria dos relatos se refere a problemas com colegas de trabalho e clientes da organização. *"No dia da minha posse neste cargo, me confundiram com um segurança e quase fui barrado na entrada."* (Carlos, entrevista gravada em 15 out. 2010.)

> *Um dia, eu estava na agência e vi uma cliente discutindo com um segurança. Ela estava muito nervosa. Fui até o local e perguntei: 'Posso ajudar?'. Ela me olhou e disse: 'não, não pode, pois você não é o gerente'. Identifiquei-me como gerente da agência e ela respondeu: 'Me admira muito este Banco ter um gerente negro'. Na hora fiquei chocado, mas estava preocupado em resolver a situação. Como a discussão com o segurança continuou, chamei uma funcionária clara e pedi a ela: 'Vá até lá e se identifique como gerente geral e tente ajudar'. Ela foi e a cliente conversou normalmente com ela. Explicou que tinha um marca-passo e que a porta iria travar sempre que ela entrasse. Veja bem... Um problema simples que eu mesmo poderia ter resolvido, autorizando sua entrada pela porta lateral. Fiquei chocado, pois em 2005, depois de tantos avanços nesta questão, uma situação destas acontecer é muito desanimador. Mas depois deste episódio eu fiquei mais forte. Pensei: 'Eu sou sim, um gerente negro de um grande Banco.* (Rafael, entrevista gravada em 30 jun. 2010.)

> *Quando assumi o posto de gerente de operações do shopping, alguns lojistas dispararam um e-mail anônimo com a seguinte mensagem: 'Agora o shopping contratou um gerente negro... O que um negro sabe fazer? Negro quando não caga na entrada, na saída é certo e outras coisas mais. Este e-mail foi para a administração do shopping e para os outros gerentes. Mas eu não sinto nada, eu acredito que o preconceito está dentro da cabeça das pessoas. Não faz diferença para mim. Continuo fazendo o meu trabalho da melhor forma possível. Quando eu era pequeno, dava porrada... Agora eu não ligo. Mas uma coisa é certa: se tiver um branco e um negro com o mesmo nível de escolaridade, com os mesmos conhecimentos e experiências, eles vão escolher o branco. Pode procurar em outros shoppings de BH. Você já viu algum negro na administração? Acho que não...* (Pedro, entrevista gravada em 17 mar. 2010.)

Quando eu passei a ser gerente de um supermercado, uma colega, branca, não gostou. Achou um absurdo a empresa me promover. Comigo ela não falava nada, mas eu percebia no olhar dela e nas fofocas que corriam na loja. Um dia, eu disse: 'Se você não me aceitar como chefe, quando eu chegar a um cargo superior, no outro dia eu demito você.' Dito e feito. Fui promovido à gerente geral e mandei-a embora no dia seguinte. (Marcelo, entrevista gravada em 28 abr. 2011.)

Um dia, neste mesmo supermercado, um cliente disse 'como alguém contrata um negro para ser gerente de supermercado?' Este cliente era um professor de universidade de uma cidade do interior de Minas, próxima a BH. Eu movi três processos contra ele e a empresa me apoiou. No dia da audiência, ele disse que não faria isso novamente e eu deixei pra lá. (Marcelo, entrevista gravada em 28 abr. 2011.)

Quando viajei para a Itália a serviço da empresa, um segurança do aeroporto de Paris passou por vários passageiros que haviam chegado no mesmo vôo que eu e me fez uma série de perguntas. Pediu para abrir minha mala e vasculhou as minhas coisas. Achei estranho... Porque ele me abordou e não abordou os demais passageiros. (Joaquim, entrevista gravada em 24 mar. 2010.)

Uma vez, saí para almoçar com a minha superior para tratarmos de negócios da empresa, na qual eu era gerente e aconteceu um fato curioso: entramos juntos no restaurante, pedimos uma garrafa de vinho e o garçom serviu apenas a taça dela. Acho que ele pensou que eu fosse o motorista ou o segurança dela. (Paulo, entrevista gravada em 19 ago. 2010.)

Em uma reunião da empresa, estavam presentes vários gerentes de outras áreas e eu o único negro do grupo. Falávamos sobre a necessidade de contratação de pessoal e um colega fez o seguinte comentário: 'Vamos comprar um navio negreiro e trazer uns chinesinhos da China para trabalhar aqui.' Logo em seguida todos olharam para mim e gerou-se um mal-estar na sala. Ninguém riu da gracinha e o autor ficou sem graça. Uma vez um colega disse que eu parecia com o Obama [Presidente dos Estados Unidos]. Eu perguntei para ele: 'Eu sou tão bonito quanto ele?' Você entende o que estou falando? De uma forma ou de outra a questão da cor está lá... Está presente. (Ricardo, entrevista gravada em 2 maio 2011.)

Algumas pessoas acham que o negro é subdesenvolvido mentalmente e não tem condição técnica para ocupar alguns cargos. E como eu trabalho com processos e qualidade, alguns funcionários não gostam quando faço críticas ao trabalho deles. Alguns empregados não se sentem bem, sendo criticados por um negro. Eu percebo isso o tempo todo. Essas pessoas se acham intocáveis. Ninguém nunca me afrontou diretamente, mas eu percebo os olhares. (Vitor, entrevista gravada em 11 out. 2010.)

> *O problema mais sério que tive foi com um funcionário que é negro como eu. Eu sempre ajudei muito essa pessoa. Eu o indiquei para vários cursos, para uma promoção, viajamos para São Paulo para fazermos cursos, etc. Quando ele estava com problemas familiares, eu o ajudava. Na época da implantação do programa de qualidade na empresa, eu o chamei e disse: 'Vamos pegar essa coisa juntos. Essa é a bola da vez. Precisamos nos preparar para compreender melhor as regras de qualidade dos processos da empresa. Tivemos uma boa relação de trabalho durante um tempo. Mas de uns tempos para cá, ele começou a "me morder". Eu não sei a razão, mas penso que ele gostaria de estar no meu lugar. E olha que à medida que eu ia subindo, eu ia puxando ele. Ele não reconhece. Essa é uma dor que tenho no meu coração. Hoje ele reconhece minha autoridade, porque se não reconhecer eu mando ele embora. Ele é uma pessoa ingrata.* (Vitor, entrevista gravada em 11 out. 2010.)

Com as mulheres não foi diferente: todas relataram um episódio ou outro relacionado à questão racial. Neste ponto, é importante ressaltar que a cor é um elemento mais forte que o gênero, no que se diz respeito às manifestações de preconceito. Ana, por exemplo, afirmou que uma vez uma cliente pediu para falar com o gerente e quando viu que a gerente era ela, disse: *'A gerente é aquela preta ali? Então não irei reclamar, pois não vai adiantar nada... '* (Ana, entrevista gravada em 13 maio 2011.)

Rosa percebia que alguns clientes estranhavam quando falavam com ela, após ter assumido o cargo de gerência na atual empresa. Depois eles se acostumaram a vê-la naquele posto e passaram a se aproximar.

> *Na verdade isso não é evidenciado claramente. As pessoas ficam um pouco diferentes no comportamento e desta forma, às vezes, eu percebo que é devido à minha cor. Certa vez, um cliente ficou me perguntando se tinha alguma outra pessoa responsável que pudesse ajudá-lo e eu disse que acima de mim era só na Central, em outra cidade, e que eu era responsável pela loja. Consegui contornar a situação.* (Rosa, entrevista gravada em 27 maio 2011.)

Marta relatou alguns problemas com subordinados quando assumiu o cargo gerencial. Um destes casos aconteceu com uma estagiária de seu setor. Segundo ela, a estagiária não aceitava suas ordens e insistia em não seguir suas orientações. A estagiária olhava para ela com desprezo e intolerância. Marta tentou o diálogo, mas acabou tendo que demitir a estagiária antes do final do seu contrato. Cida relatou que percebe o estranhamento por parte da maioria das pessoas que procura pela presidente do Conselho Municipal e se depara com ela. Maria citou vários episódios de discriminação quando iniciou seu trabalho como professora da Rede municipal, como coordenadora educacional e como diretora de escola. Neste cargo, *"uma vez um vendedor chegou na sala da diretoria da escola, me viu sentada à mesa da diretora, olhou para os lados e perguntou: a diretora está? Eu quero falar é com a diretora, não com você."* (Maria, entrevista gravada em 10 mar. 2010.) Segundo ela, foi exatamente este e outros fatos que a levaram a se dedicar, na atual instituição, às questões relacionadas ao racismo na Educação.

> *É aonde eu mais sinto o preconceito: nas atividades normais do dia a dia. É quando tentamos colocar a questão racial na pauta das discussões sobre a educação no município. Toda vez que a gente tenta discutir essa questão, há uma desconstrução do nosso objetivo. A questão sai do coletivo... Do público, para o pessoal... Para o individual. Por exemplo, uma vez houve uma discussão na Câmara de Vereadores sobre a adoção de um kit escolar que trazia alguns livros que tratavam da questão racial. As pessoas comentavam que esse kit havia sido formado, porque a Secretária de Educação era negra. Mas isso não é verdade. Existe uma comissão específica para tratar da elaboração do kit. A comissão é autônoma. São eles que decidem. Um vereador criticou o fato de haver um livro que apresentava a experiência de menino negro discriminado porque praticava candomblé. Ele disse que havia essa leitura, porque essa era a minha religião. Eu já sofri muito com isso. Mas agora sei lidar melhor com essa e outras situações. Pelo menos, hoje, a gente consegue falar mais sobre essas questões.* (Maria, entrevista gravada em 10 mar. 2010.)

Apesar de tudo, quando indagados sobre as razões de o pequeno número de negros em postos de chefia nas organizações públicas e privadas no Brasil, 18 entre os 25 gestores afirmaram que era devido à falta de escolaridade e empenho da maioria dos negros no Brasil: "Eu não tive muito problema pra crescer profissionalmente, acho que eu tive sorte e me preparei, basta se dedicar." (Roberto, entrevista gravada em 18 maio 2010.) Alguns chegaram a reconhecer as dificuldades em função da origem social, mas não falaram em discriminação ou preconceito racial como uma barreira no campo profissional.

> *Se você não estivesse aqui, agora, me perguntando, eu não me lembraria desta questão. Em minha opinião, aqui, na empresa, essa questão desapareceu, não existe diferença por causa da cor.* (Luciano, entrevista gravada em 6 maio 2011.)

A discriminação racial no Brasil, depois da escravidão, aconteceu por meio do empobrecimento e de abuso verbal, utilizando-se, para isso, a classe e a cor dos indivíduos. Há, no País, uma ideia geral que aponta para a inferioridade dos povos africanos e, consequentemente, o baixo nível cultural de seus descendentes.

Segundo Guimarães (1999), o racismo no Brasil passou por duas fases distintas. Em um primeiro momento, a discriminação racial era aberta, mas informal e influenciada pela discriminação de classe e gênero. Este fato acabou gerando segregação em espaços públicos e privados: bares, restaurantes, igrejas. No momento atual, a discriminação racial segue os mecanismos de mercado, isolando indivíduos e não grupos; ou mecanismos psicológicos de inferiorização das características individuais – o que leva à (auto)exclusão. No País, existe uma invisibilidade do racismo, que é confundido com a discriminação por classe ou, até mesmo, negado como uma prática social.

Em nosso País, a maioria dos brasileiros nega ser racista, mas demonstra preconceito contra os negros. (RODRIGUES, 1995) O estranhamento é uma das formas mais nítidas de reconhecimento de uma hierarquia social entre brancos e negros no mercado de trabalho. A maioria das pessoas estranha quando vê um negro em um posto de destaque na estrutura ocupacional. Alguns entrevistados relataram episódios nos quais foram confundidos com empregados de cargos inferiores, como o caso do subsecretário confundido com um segurança e do assessor de comunicação confundido com um motorista.

A competição interna e as dimensões subjetivas na contratação e avaliação dos empregados transformam o ambiente organizacional em um local privilegiado para as práticas discriminatórias. (BENTO, 2002) É preciso levar em conta que nem sempre um evento de discriminação no trabalho é resultado de preconceito. Essa ação pode ser motivada pela manutenção de privilégios ou pela busca de poder na empresa. A discriminação institucional, segundo Bento, ocorre independentemente do fato de a pessoa ter ou não preconceito explícito ou a intenção de discriminar. Afinal, para aquele que discrimina vivemos em uma democracia racial, logo, aqueles que não são bem sucedidos no trabalho são os mais incompetentes, os menos esforçados e pouco dedicados ao trabalho. A discriminação institucional é tão eficiente que a maioria dos entrevistados se considera uma exceção, por causa da situação da maioria dos negros no País. Para eles, o problema estaria no indivíduo e não nas instituições.

> O conceito de discriminação institucional é importante, porque dispensa discussões sobre, por exemplo, se determinada empresa ou seus profissionais de recursos humanos e chefias têm preconceito contra negros e mulheres. Na

> questão da discriminação no trabalho, pouco importa a intenção do agente. O que interessa são os efeitos de sua ação. Esses efeitos só se verificam perscrutando, por exemplo, o número de negros e mulheres nos diferentes postos de trabalho da empresa.

Os relatos registrados apresentaram pontos positivos na trajetória dos gestores. Se houve dificuldades com clientes, funcionários e outros parceiros da empresa, a maioria dos entrevistados não apontou dificuldades na relação com seus superiores hierárquicos e com os proprietários das empresas. Nos casos de discriminação racial explícita por parte de clientes e outros parceiros da empresa, os superiores que tomaram conhecimento dos fatos apoiaram os gestores e condenaram as práticas discriminatórias.

Não se pode afirmar que essas empresas adotam uma política voltada para a diversidade em seu quadro de pessoal, mas nos depoimentos apurados não foram identificadas barreiras formais de gênero ou raça que tivessem influenciado negativamente a ascensão da maioria dos entrevistados.

A promoção e a ascensão aos cargos de chefia revelaram duas práticas comuns: a valorização da trajetória profissional na própria empresa, começando em cargos mais baixos da estrutura ocupacional até os cargos de nível gerencial, e a ausência de sistemas formalizados de gestão e planejamento de carreiras, um projeto de carreira pessoal, baseado em determinada vocação ou na escolha de uma profissão. A possibilidade de ascensão foi percebida, pela maioria, como o coroamento automático pela lealdade e dedicação do gestor à organização.

A total adesão às políticas e à cultura da empresa foi fundamental para a trajetória dos entrevistados. Todos fizeram questão de ressaltar que a promoção aconteceu pela dedicação, escolaridade, profissionalismo, experiência e boas relações interpessoais construídas no interior da organização. Para a maioria dos entrevistados, a cor e o gênero não tiveram influência no processo de ascensão profissional.

Sobre as mudanças no estilo de vida, os gestores não relataram grandes alterações. As transformações do cotidiano fora da empresa aconteceram mais por causa do tempo destinado ao lazer e à família, que ficou comprometido com as novas responsabilidades. Questionados sobre a permanência de contatos com os grupos de origem (infância e juventude), os entrevistados relataram que o afastamento ocorreu naturalmente, não havendo relação direta com o cargo de chefia. No entanto, o novo tipo de consumo gerado pela atual posição no mercado de trabalho resultou, para alguns entrevistados, em manifestações abertas de preconceito racial.

> *Em 1996, quando fui comprar um carro, não fui atendido; só depois de muito tempo chegou um vendedor e perguntou se eu estava procurando alguma coisa. Se fui lá, é porque eu queria um carro. Ele ficou perguntando minha renda, onde trabalhava, e muito desconfiado. Só depois que falei que era gerente de supermercado que ele "mudou os olhos" e fez mais caso de mim. Em uma churrascaria que fui com minha mulher e filhos percebi olhares, e lá só havia branquinhos. Outra vez, que fui comprar um carro, com outra gerente do supermercado, e como ela é branquinha, o vendedor chegou e direcionou-se a ela, perguntando qual carro desejava, e falou que, se ela quisesse, o motorista poderia fazer um test drive também. O "motorista" era eu. Só comprei lá porque era o melhor preço. Outra vez, fui alugar meu apartamento e o homem ficou perguntando se o apartamento era meu mesmo; ele não acreditou que fosse. Por isso, eu sempre falo pra minha filha da importância do estudo pra ela provar que é melhor, pra saber se colocar em qualquer lugar, em qualquer situação.* (Marcelo, entrevista gravada em 28 abr. 2011.)

Outros gestores relataram casos relacionados ao consumo no qual passaram por situações constrangedoras, pelo fato de alguns vendedores não acreditarem que um bem de valor poderia ser adquirido por um negro. Há outros episódios que foram relatados como, por exemplo, o caso de o gestor que chegou a uma loja com a esposa para comprar um colchão de molas. O casal foi ignorado pelos vendedores. Em outro caso, um vendedor atendia a um dos gestores e parou de atendê-lo quando outros clientes não negros chegaram à loja. Um dos entrevistados afirmou nunca ter passado por eventos de discriminação racial no consumo, pois sabe os lugares que deve ou não deve frequentar.

Segundo Schwarcz (2001), no Brasil, o preconceito racial não tem 'cara'. A maioria da população acredita que há racismo no País, mas não consegue reconhecê-lo. Em uma sociedade conhecida pela profunda desigualdade social, a discriminação racial se afirma de forma privada. Na esfera privada, há uma suposta garantia de igualdade. Porém, é na esfera pública que acontece a explicitação do racismo: um vendedor que ignora um cliente negro, um segurança de *shopping* que segue com os olhos ou com os passos um visitante negro, e assim por diante. A cor (ou a raça) se estabelece no cotidiano e é, nestes momentos, que se percebe a discriminação, no consumo ou no lazer.

Ao analisar os depoimentos dos gestores que participaram da pesquisa, alguns elementos similares em suas trajetórias de vida e profissional foram identificados: a maioria teve origem pobre, enfrentou dificuldades na fase de escolarização; não é oriunda de famílias desagregadas, nem contou com o apoio dos pais, parentes, professores e colegas para ingressar no mercado de trabalho. Alguns entrevistadores se beneficiaram de iniciativas sociais que atendem a jovens de baixa renda.

A possibilidade de superar as dificuldades da família de origem foi o motor que impulsionou os entrevistados a perceberem a carreira profissional como possibilidade de ascensão. A questão racial foi determinante, pois, aliada à pobreza, os gestores perceberam o peso da raça nas suas primeiras interações sociais: na escola e na rua. Desta forma, todos decidiram investir em qualificação e experiência profissional. Para isso, foi fundamental a adaptação ao ritmo e às condições de trabalho nas empresas. No momento de inserção profissional, os eventos de discriminação não foram tão explícitos quanto os episódios vivenciados com a carreira já em ascensão. É sabido que os negros que ascendem são percebidos como exceção à regra, o que gerou, em alguns casos, o estranhamento como forma de manifestação de preconceito racial.

Não foi possível entrevistar mulheres negras em postos mais estratégicos de grandes empresas. Talvez, por isso, a questão de gênero não ficou visível nas entrevistas. Poucos depoimentos foram específicos quando o assunto era o fato de a mulher estar em um posto de destaque. O que se observa é a sobrecarga destas mulheres que mantiveram as responsabilidades do trabalho em casa e aquelas do cargo de chefia.

Os negros não têm muitas dificuldades de ascender em setores mais tradicionais, intensivos em mão de obra. Nestes casos, a experiência profissional foi mais importante que a qualificação. A trajetória de ascensão nestas empresas acaba sendo um exemplo para os demais empregados, que deverão se adaptar às mesmas condições de trabalho para alcançar algo semelhante. É importante lembrar que no supermercado, tipo de empresa em que a maioria dos gerentes de varejo atuava, ficavam expostas as suas fotos, para que clientes, empregados e fornecedores os identificassem.

Já no setor industrial, além da experiência, a qualificação e a escolaridade foram fundamentais para o projeto de carreira dos gerentes. Neste setor, cujos salários são mais altos e o prestígio do cargo é mais significativo, foram relatados um número maior de eventos de discriminação racial. Os negros que 'chegam lá' incomodam mais que aqueles que estão na base da pirâmide social.

Nos serviços públicos e em organizações não governamentais a progressão ocorreu com a indicação política, o reconhecimento de seus pares para exercer a coordenação ou pela estrutura de carreira já existente. Mesmo nestes casos, os entrevistados não deixaram de vivenciar a discriminação racial em seus postos de trabalho.

Quanto às possibilidades de ascensão, exceto nas instituições públicas, não foram identificados sistemas mais estruturados de promoção dos empregados. O acesso ao cargo gerencial ocorreu, basicamente, pela indicação dos superiores, sem outras etapas formalizadas de avaliação.

Apesar de as barreiras e dificuldades encontradas pelos entrevistados no processo de ascensão profissional, todos acreditam que foi a escolaridade e o esforço pessoal que mais contribuíram para o seu sucesso profissional. Neste sentido, a cor é percebida como uma desvantagem que precisa se vencida pelo empenho, qualificação e dedicação ao trabalho. Para a maioria dos gestores, as ações no campo pessoal e profissional são capazes de anular as assimetrias de cor nas empresas, fazendo com que a raça desapareça como elemento de identificação pessoal. Para isso, é necessário pensar em estratégias individuais que respondem aos eventos de discriminação racial. Essas estratégias estão vinculadas à percepção dos gestores sobre as relações raciais no País.

A percepção dos gestores sobre as relações raciais no Brasil

Os eventos de discriminação, percebidos ao longo da trajetória de cada um, foram um elemento a mais que motivou os entrevistados a persistirem na busca pelo sucesso profissional. A principal mensagem transmitida por esses gestores é: *'Se cheguei lá com o meu esforço, qualquer um pode chegar também'*. A questão das desigualdades raciais é considerada um elemento integrante da sociedade brasileira, impossível de ser eliminada, mas que pode ser vencida com empenho e dedicação.

Além do constrangimento nas respostas sobre a questão racial, o que se percebeu na maioria das entrevistas foi a tentativa de se evitar grandes confrontos, às vezes pela via do humor ou desconsiderando a importância dos eventos relatados. Quando indagados acerca da situação dos negros no Brasil, grande parte dos gerentes utilizou o pronome 'eles' e não 'nós'. Expressões como "eles precisam estudar mais" e "precisam se qualificar" foram frequentes. A maioria dos gestores já não se considerava mais integrante de um grupo social sobre o qual o preconceito e a discriminação poderiam incidir em uma escala maior. 'Chegar lá', para eles, transpondo barreiras sociais e raciais, significou romper com um estereótipo que identifica a maioria dos negros, no Brasil, como incapazes e desqualificados. Bento, citada por Silva (2001), afirma que há três formas de os negros reagirem às situações de discriminação: a negação, o enfrentamento e o não enfrentamento. Na negação, o negro não se considera alvo da discriminação e o preconceito que atinge toda a sociedade é uma situação distante da sua realidade. No não enfretamento, reconhece-se a existência da discriminação contra si e contra outros, mas o indivíduo escolhe não agir sobre o fato. E o enfrentamento pressupõe alguma reação do ponto de vista individual ou coletivo. Nesta pesquisa, foram identificados poucos casos de enfrentamento e vários de negação ou não enfrentamento.

Havendo reação, ou não, aos episódios de discriminação racial no trabalho ou em outras esferas sociais, a percepção sobre a questão racial no País parece estar diretamente relacionada à identidade racial e à identificação deste grupo com os valores da cultura branca. Para Figueiredo (2002), todos os brasileiros nascem embranquecidos, já que há uma predominância dos aspectos da cultura branca em nossa sociedade. Os negros só se tornam negros quando se interessam por seu passado histórico e pela cultura negra. Essa não é uma escolha fácil, pois a maioria dos brasileiros tende a se identificar com valores positivos para manter sua autoestima e fortalecer suas convicções pessoais.

Divulgada e valorizada em seus aspectos culturais e simbólicos, mais que em termos sociais e econômicos, a identidade racial no Brasil não contribui para mobilizar a maioria da população negra para a aceitação de políticas de ação afirmativa.

No Brasil, a Constituição de 1988 já destacava preceitos constitucionais para reprimir qualquer forma de discriminação racial e, ao mesmo tempo, indicar a necessidade de adoção de políticas e práticas de promoção da igualdade de oportunidades e tratamento para todos os brasileiros. Porém, foi a partir de 1995 que algumas prefeituras, igrejas e ONGs iniciaram a adoção de ações afirmativas com vistas a melhorar o acesso da população negra a bens e serviços públicos de qualidade. Neste período, destaca-se a organização de um pré-vestibular para negros carentes no Rio de Janeiro, concebido por Frei Davi[23] e apoiado pela igreja católica e os movimentos sociais. Em 1998, a Prefeitura de Belo Horizonte

[23] Frei Davi, padre franciscano, nasceu em 1952 e na década de 1990 idealizou a EDUCAFRO, que atualmente mantém cursos pré-vestibulares para negros carentes em várias cidades do País. A ONG foi uma das primeiras a chamar a atenção para as dificuldades de inserção de jovens negros em universidades públicas e privadas no Brasil.

implantou a Secretaria Municipal para Assuntos da Comunidade Negra (SMACON), para desenvolver políticas na área social e de capacitação, e atender às demandas da população negra carente da cidade. (TELLES, 2003) Outras prefeituras brasileiras adotaram ações semelhantes.

Dois eventos importantes marcam a ampliação do debate acerca dos efeitos do racismo no Brasil: no âmbito nacional, a realização da Marcha Zumbi dos Palmares contra o Racismo, pela Cidadania e pela Vida[24], em 1995, e no âmbito internacional, a III Conferência Mundial contra o Racismo, a Discriminação Racial, Xenofobia e Intolerância Correlata[25], realizada em Durban, na África do Sul, em 2001 – Ano Internacional de Mobilização contra o Racismo.

Esses dois eventos chamaram a atenção da mídia nacional, que passou a divulgar pesquisas e debates sobre as desigualdades raciais no Brasil. Em 1996, foi lançado o Programa Nacional de Direitos Humanos que reforçou a intenção do governo brasileiro em planejar estratégias específicas para a promoção social da população negra.

Em 2002, foram criados o Conselho Nacional de Combate à Discriminação, com o objetivo de apresentar políticas de ações afirmativas; o Programa Diversidade na Universidade e o Programa Brasil Gênero e Raça do Ministério do Trabalho, com o propósito de incentivar ações de reconhecimento e tratamento das assimetrias de gênero e raça. Ainda no âmbito institucional, o Ministério da Justiça e o Ministério das Relações Exteriores definiram ações afirmativas em suas pastas (LIMA, 2010).

O Governo Lula foi particularmente importante para a condução de novas políticas públicas com recorte racial. Além da instauração da Secretaria de Política de Promoção da Igualdade Racial da Presidência da República (SEPPIR-PR), com *status* de Ministério desde 2003, vários projetos no campo educacional foram desenvolvidos. O Presidente Lula, no início do seu mandato, assinou a Lei

---

[24] A passeata marcou as comemorações dos 300 anos da morte de Zumbi dos Palmares, líder quilombola assinado em 20 de novembro de 1695. A marcha que reuniu em Brasília mais de 30 mil pessoas teve como objetivo retirar o dia 13 de maio do foco das comemorações da abolição e definir a data de 20 de novembro como o Dia Nacional da Consciência Negra. Esse evento acabou resultando no documento 'Programa de superação do racismo e da desigualdade racial', que foi entregue ao então presidente Fernando Henrique Cardoso.

[25] Participaram da Conferência de Durban mais de 2.300 representantes de 163 Países, incluindo 16 chefes de Estado e mais de 100 ministros e, aproximadamente, 4.000 representantes de ONGs de todas as partes do mundo. Os países e organizações participantes se comprometeram a adotar políticas e ações para eliminar toda e qualquer forma de discriminação racial.

10.639, que alterou a Lei 9.394/1996, incluindo no currículo oficial da Rede de Ensino a história e a cultura afro-brasileira.

O Programa Universidade Para Todos (PROUNI) e a criação da Secretaria de Educação Continuada, Alfabetização, Diversidade e Inclusão (SECADI), em 2004, além do apoio a ações afirmativas em universidades públicas, se destacam como as principais iniciativas nesta área. O PROUNI tem uma política de cotas que beneficia aqueles que se declararem pretos, pardos ou índios e optarem pelas bolsas de estudo no ato da inscrição. As instituições privadas de ensino Superior que integram este Programa devem destinar um percentual de bolsas aos cotistas com base no número de pretos e pardos distribuídos pelos estados da Federação, de acordo com as informações do IBGE (LIMA, 2010). Também o Programa de Financiamento Estudantil (FIES) passou a adotar o critério racial como uma das etapas da seleção dos beneficiados. Os dois Programas têm como população-alvo os carentes; e o quesito racial é acionado após a identificação do beneficiário pelo critério social.

Já a SECADI tem como objetivo garantir a consolidação da Lei 10.639 e das demais ações do âmbito federal que tratem da educação escolar indígena, da diversidade étnico-racial, de gênero e de orientação sexual. Atualmente, as políticas governamentais referentes às relações raciais estão concentradas na SEPPIR-PR, órgão responsável por garantir a execução das recomendações contidas no recém-aprovado Estatuto da Igualdade Racial[26]. Sua aprovação gerou um intenso debate entre vários setores da sociedade, principalmente sobre as ações afirmativas, que poderiam contribuir para a mobilidade social da população negra: a adoção de cotas para negros em universidades e organizações públicas e privadas. A forte resistência gerada na sociedade às cotas raciais, principalmente em universidades públicas, implicou sua retirada e de outras ações afirmativas do Estatuto. O texto aprovado pela Comissão de Constituição e Justiça do Senado Federal, em 2010, excluiu as cotas para negros em universidades públicas e privadas e a garantia de incentivos fiscais para empresas que contratassem um percentual de negros para seus quadros. Essas duas ações afirmativas eram demandas do movimento negro e constavam no texto original, de autoria do senador Paulo Paim, do Partido dos Trabalhadores do Rio Grande do Sul.

Os principais argumentos contrários às cotas e acatados pelo relator do texto final, Senador Demóstenes Torres, do Partido Democrata de Goiás, são

---

[26] Lei nº 12.288, de 20 de julho de 2010, aprovada pelo Congresso Nacional e assinada pelo Presidente Lula em 20 de julho de 2010.

os mesmos daqueles já informados contra toda ação afirmativa que beneficie os negros: é impossível definir quem é negro no Brasil, visto que somos uma nação miscigenada; as cotas não foram políticas eficazes quando adotadas em outros países (aqui, a referência são os Estados Unidos); deveria haver cotas para os índios, mulheres e outras minorias; o acesso às melhores universidades deveria ocorrer por mérito e, não, por cotas; haveria o aumento da discriminação contra os negros, e o argumento mais recorrente: o País deveria melhorar os ensinos Básico, Fundamental e Médio para possibilitar a igualdade de oportunidades, independente de classe social ou raça.

Segundo Bento (2003), para se compreender o discurso da "elite branca" contra a reserva de vagas para negros é preciso considerar que as cotas em universidades públicas poderiam gerar mudanças no perfil racial destes lugares, alterando as relações de poder e comprometendo privilégios. O que está em jogo não é apenas o uso do critério racial, mas o tipo de recurso mobilizado e o público afetado por essas políticas (LIMA, 2010). Geralmente, as posições contrárias a essa ação afirmativa começam reconhecendo a vulnerabilidade da população negra, mas logo em seguida desqualificam qualquer ação que proponha compensações a este grupo.

> Os brancos convivem com naturalidade com essa cota de 100%. Alguns mais progressistas reconhecem que ela traz consigo o peso da exclusão do negro, mas essa dimensão é silenciada. Isto porque reconhecer a desigualdade é até possível, mas reconhecer que a desigualdade é fruto da discriminação racial tem custos, uma vez que este reconhecimento tem levado à elaboração de legislação e compromissos internos e externos do Brasil, no sentido do desenvolvimento de ações concretas, com vistas à alteração do *status quo*.

Aqueles contrários às ações afirmativas de cunho racial, especificamente às cotas, desconhecem o fato de que, se a Educação Básica tivesse sua qualidade melhorada, para que houvesse igualdade de competição entre negros e brancos, os alunos negros levariam 32 anos para atingir o mesmo nível dos alunos brancos, considerando que estes ficassem estagnados, o que é improvável. (MUNANGA, 2003) Desconhecem que a criança negra pobre pode ser submetida a dois tipos de discriminação: de classe e de raça.

Promover a distribuição igualitária de direitos, vantagens, renda e outros bens, por meio de ações afirmativas, é realmente não praticar o racismo no País. Apesar de a resistência à adoção de cotas, o que resultou no enfraquecimento do Estatuto da Igualdade, várias universidade públicas[27] incluíram iniciativas de reserva de vagas para minorias raciais. Pesquisa realizada pelo *Instituto de Pesquisa Econômica Aplicada* (*Ipea*), em 2007, identificou 38 instituições públicas que adotam algum tipo de critério que, direta ou indiretamente, beneficia candidatos negros (JACCOUD, 2008). Esses critérios variaram entre cotas raciais simples, ou raciais e sociais sobrepostas ou, ainda, raciais e sociais independentes.

Na pesquisa realizada junto aos gestores que atuam na Região Metropolitana de Belo Horizonte se percebe que a trajetória de ascensão dos entrevistados implicou, na maioria das vezes, o distanciamento dos gerentes da cultura africana, dos movimentos políticos com recorte racial e desconhecimento aprofundado das políticas públicas voltadas para a população negra. Apenas dois entrevistados, um homem e uma mulher, relataram experiências em movimentos negros e afirmaram conhecer o estado atual das políticas públicas nesta área.

Mais da metade dos entrevistados é contra, ou tem alguma resistência a qualquer tipo de política pública voltada exclusivamente para negros:

> *A cota, por exemplo, é a maior discriminação que existe. Por que tem que ser assim? Não é porque uns têm condições de estudar em escolas particulares que se deve garantir um percentual pequeno para negros, não. Essa política acaba desmotivando os negros, pois alguns ficam se sentindo satisfeitos com essa esmola.* (João, entrevista gravada em 27 ago. 2010.)

> *Não, não sou contra não. Sem ela seria pior. Acho que teria que ser até mais ampliada, porque se nós tivéssemos um tratamento igualitário não precisaríamos disso. Nas universidades públicas, se tiver um negro e um branco, o branco vai e o negro fica; normal. Em uma grande empresa, em uma grande indústria, como você pode ver que eu já citei aí, nos shoppings... Você pode ir ali ao Banco, que você não vai ver negros; você não encontra.* (Pedro, entrevista gravada em 17 mar. 2010.)

> *Eu até concordo, mas não podemos manter essas iniciativas. Justifica-se a existência destas políticas pelo fato de os negros terem sido escravos por muito tempo. Mas hoje isso mudou. A pessoa tem que batalhar. Muitos negros só querem saber de diversão, de ir para pagodes e coisas assim. Se a empresa oferece oportunidades, temos de nos qualificar. Promoção não se pede... Se ganha.* (Vitor, entrevista gravada em 11 out. 2010.)

[27] Universidade do Estado da Bahia, Universidade Estadual de Montes Claros, Universidade Estadual de Minas Gerais, Universidade Estadual do Mato Grosso, Universidade de Brasília, Universidade Federal de Minas Gerais, Juiz de Fora, Alagoas, Bahia, entre outras.

> *Eu sou contra as cotas. Acho que nos Estados Unidos, na década de 1960, quando a coisa pegava, era válido. Mas aqui as coisas são lentas e vão melhorando com o tempo.* (João, entrevista gravada em 27 ago. 2010.)

> *Eu sou contra. Não acho certo. Eu sou tão capaz quanto um branco. Eu sou contra as cotas na universidade. Quando se fala em reservar vagas em escolas e universidades para os negros, aumenta a discriminação cada vez mais. Eu gostaria que fosse feito algo para igualar, ou seja, a vaga está aqui e se você for o melhor, irá conquistá-la. Eu acho que as cotas aumentam a discriminação contra os negros.* (Joaquim, entrevista gravada em 24 mar. 2010.)

> *Sou contra. Acho que isto não é uma questão apenas racial, mas financeira. Quanto menos a pessoa tem condições financeiras, mais ela tem dificuldade de chegar a um patamar social. Não adianta você dar uma cota a um negro se ele não tiver uma base. Eu, por exemplo, tive muita dificuldade quando cheguei à faculdade. A cota ajuda, mas não é a forma mais eficiente de tratar a questão. O ensino como um todo deve melhorar. Eu tenho amigos que não têm conhecimentos suficientes e já estão formados em curso Superior.* (Renato, entrevista gravada em 24 maio 2010.)

> *Sou contra. Não justifica haver cotas para negros. O negro tem as mesmas condições para disputar uma vaga que um branco.* (Lia, entrevista gravada em 26 maio 2010.)

> *Sou contra. Eu sei que existem pesquisas que falam que as mulheres e os negros ganham menos. Mas se todo mundo tiver acesso a um ensino de qualidade, todos terão as mesmas condições de trabalho.* (Rosa, entrevista gravada em 27 maio 2011.)

> *Sou contra. Não acho que é válido. A cota cria a diferença de raça. Quando você fala de cotas eu vejo a cor. Você não vê a alma, a essência. Eu quero olhar para você e não ver a sua cor.* (Luciano, entrevista gravada em 6 maio 2011.)

A maioria dos gestores entrevistados reconhece que existe discriminação racial no Brasil; sabe que passaram e passam por dificuldades relacionadas à sua cor, seja no âmbito profissional, pessoal ou de consumo, mas não reconhece a necessidade de políticas públicas para o tratamento da questão. Para eles, o mais importante é assumir uma postura quanto a sua própria cor e raça e adotar uma estratégia pessoal para responder à discriminação racial no dia a dia.

Para outros poucos entrevistados, as políticas públicas que beneficiam os negros são fundamentais para a redução das desigualdades sociais. Carlos, que já havia militado no movimento negro, acredita que a sociedade tem uma dívida para com os negros, e que a existência de cotas em universidades e empresas ajudaria, no curto prazo, a melhorar o acesso dos negros a bens e ativos sociais. Mas, mesmo a defesa das ações afirmativas assume um caráter de constrangimento para os entrevistados. Eles aprovam, mas com ressalvas:

> *Eu sou a favor das cotas, porque o despreparo dos negros é muito grande. Eles foram retirados de suas terras e trazidos à força para cá e, do nada, ganharam a liberdade, mas não ganharam instrução. Há dez anos não se via negros nas universidades. Isso está mudando. Está melhorando a cada dia.* (Roberto, entrevista gravada em 18 maio 2010.)

> *Acho que as cotas são fundamentais. A sociedade tem um déficit com o negro. Mas essa política deve ser temporária.* (Carlos, entrevista gravada em 15 out. 2010.)

> *Sim, eu concordo com as cotas. Mas isso é só o começo para o pagamento da dívida da sociedade com os negros. E os negros não podem se comportar como coitadinhos.* (Marta, entrevista gravada em 27 set. 2011.)

> *Eu concordo. Não significa que são boas [as políticas públicas de cunho racial]. Mas infelizmente têm de existir. São necessárias. Eu acho melhor ver as pessoas assumindo o cabelo rastafári, gostando de suas raízes. O problema é que isso ajuda a criar um 'gueto'. Acho que seria melhor investir em outras coisas, como acabar com o analfabetismo, que atinge mais os negros.* (Ricardo, entrevista gravada em 2 maio 2011.)

> *Sou a favor. Mas no Brasil o próprio negro não reconhece que existe racismo. Se fôssemos mais unidos, o Estatuto da Igualdade Racial teria avançado mais.* (Rubens, entrevista gravada em 27 jul. 2010.)

A adoção das ações afirmativas no Brasil é polêmica e o debate, geralmente, é realizado com base em informações erradas, em discussões acaloradas que acabam resvalando para ataques pessoais – o que contribui pouco para o avanço das propostas. Na maioria das vezes, as ações afirmativas são entendidas apenas como cotas para negros em universidades e empresas públicas e privadas, desconsiderando-se uma série de frentes que poderiam gerar ações para reduzir a discriminação racial em espaços públicos e privados. Os entrevistados reproduzem argumentos amplamente divulgados por boa parte dos meios de comunicação no País, que se colocam abertamente contrários às ações afirmativas. Poucos têm o conhecimento do valor de tais medidas na trajetória de vida de jovens negros, em que pese o fato de alguns terem se beneficiado de políticas públicas e ações de organizações não governamentais que apoiavam menores carentes.

As opiniões caminham no sentido de valorizar a própria trajetória de vida e profissional, a partir de um modelo de sociedade que não reconhece a discriminação racial como determinante na distribuição de poder e prestígio. Neste sentido, 'aqueles que chegam lá' são melhores que os demais, pois, sem cotas, sem ação afirmativa, conseguiram vencer. Desse modo, valorizar ações afirmativas é desvalorizar seu esforço pessoal para vencer as barreiras impostas ao longo da vida.

Considerações finais

Em um contexto de retomada do crescimento, o tema da mobilidade ocupacional é particularmente importante para a análise da capacidade do mercado de trabalho em promover a ascensão social. A crise econômica dos anos 1980 e a reestruturação produtiva dos anos 1990 comprometeram a mobilidade via mercado de trabalho durante vários anos, afetando a produção teórica sobre essa temática. A partir deste século, o dinamismo do mercado de trabalho e o aumento da qualificação da mão de obra favoreceram a retomada da mobilidade ocupacional como um eixo importante para verificar as desigualdades atuantes no mercado de trabalho brasileiro.

O objetivo central deste trabalho foi compreender como os poucos negros que conseguem mobilidade ascendente no mercado de trabalho na Região Metropolitana de Belo Horizonte percebem suas trajetórias de vida profissional e as possíveis barreiras raciais vivenciadas ao longo deste percurso. Foi constatado que os negros estão "sub-representados" nos altos escalões das empresas, mas não totalmente ausentes.

Ao se tomar como referência este questionamento, o trabalho apresentou um panorama teórico sobre as relações raciais no Brasil, o qual variou da consideração da raça negra como fator limitador do progresso social e econômico do País, passando pela valorização da cultura negra para a integração e a construção da nação brasileira – o que acabou gerando a falsa ideia de democracia racial – até chegar à constatação de que o desenvolvimento do modo de produção capitalista seria o principal indutor para a redução das desigualdades raciais no Brasil. O estabelecimento de relações contratuais, baseadas na racionalidade produtiva em substituição às relações de *status* e prestígio, seria capaz de reduzir o peso da raça na estrutura das relações sociais.

Com a consolidação do mercado de trabalho, analistas da situação de vulnerabilidade social da população negra no Brasil concluíram que a discriminação racial não se alterou com o processo de industrialização. Pelo contrário, a competição inerente a esse sistema produtivo alterou a forma de manter o negro no mesmo *status* social pós-abolição, restringindo ou dificultando seu acesso a bens, serviços, produtos e oportunidades. O processo de industrialização conformou-se ao padrão das relações raciais vigentes, mantendo a mesma distinção social baseada na raça. Desta forma, donos de empresa e gestores podem não contratar negros para posições de destaque nas organizações para evitar dificuldades com os demais trabalhadores. As posições administrativas e de supervisão, segundo Hasenbalg (2005), podem estar fechadas aos negros mais qualificados, em razão do ressentimento que esse tipo de nomeação poderia gerar entre os demais trabalhadores, influenciando negativamente a produtividade da empresa.

Mesmo com estas evidências, prevalece em parte da Academia, mas principalmente no imaginário social da população, a concepção de que a posição inferior do negro na estrutura social está ligada ao seu passado de escravidão. É basicamente esse pensamento que torna legítimo para o País o fato de negros ocuparem os postos menos qualificados e mais precários.

O preconceito pode operar como uma barreira limitadora para a mobilidade ocupacional dos negros, dado o contexto de recuperação econômica, de implementação de políticas públicas voltadas para os mais pobres, com bons indicadores de emprego e a partir da atuação mais efetiva dos movimentos sociais contra a discriminação racial.

As informações sobre a situação atual da população negra no mercado de trabalho da Região Metropolitana de Belo Horizonte destacam este período de mudanças e analisam até que ponto seria possível perceber alterações nos dados, durante vários anos, para sensibilizar a sociedade brasileira da situação de desvantagem dos negros frente a outros grupos. Esses dados revelaram conquistas e permanências. Conquistas que foram caracterizadas pelo aumento na (auto)declaração de pretos e pardos, pelo avanço das mulheres no mercado de trabalho, com especial atenção a mulheres negras, e principalmente pelo efeito da escolarização no posicionamento do indivíduo na estrutura de trabalho. E permanências, pois esses fatores positivos não foram suficientes para que houvesse, neste período, redução significativa das desigualdades raciais no mercado de trabalho.

Na verdade, os indicadores melhoraram para todos – negros e brancos, mas a desigualdade permanece.

Ao analisar a mobilidade ocupacional dos negros na ocupação em postos de chefia, viu-se que os dados foram positivos, pois revelaram um avanço dos negros na ocupação destes cargos, comparando os anos de 1999 e 2009. No entanto, as limitações desta pesquisa não permitem afirmar que os negros estão conquistando espaços de prestígio nas organizações, uma vez que a PNAD não informa detalhes sobre essa ocupação na estrutura geral da empresa. Não se pode deixar de supor que o avanço deste indicador está diretamente vinculado à (auto)declaração e ao aquecimento do mercado de trabalho.

A maioria das empresas não mantém informações sobre o perfil da sua mão de obra capazes de esclarecer o número de homens e mulheres negros que a firma emprega e onde estão localizados na estrutura organizacional. E, aqui, outra dificuldade: o simples questionamento da existência, ou não, de negros em postos de liderança como coordenação, supervisão ou chefia já foi considerado uma questão polêmica, geradora de questionamentos, constrangimentos e desistência de participar da pesquisa. Ao identificar profissionais em cargos de comando de organizações dinâmicas da Região Metropolitana de Belo Horizonte, constatou-se uma concentração maior de negros em postos de chefia nas organizações mais tradicionais, intensivas em mão de obra, cuja função caracterizava a responsabilidade de um superior, mas os benefícios simbólicos e materiais não criavam uma distinção significativa.

Outro dado importante foi a impossibilidade de identificar mulheres negras em postos de chefia de grandes organizações, confirmando a permanência da hierarquia racial, que coloca o homem branco em primeiro lugar na qualidade da ocupação, na forma de inserção no mercado de trabalho, no ganho financeiro e no acesso a oportunidades de ascensão, seguido da mulher branca, do homem negro e da mulher negra. Sobre ela, agem duas formas de assimetrias: de gênero e de raça. Segundo Osório (2006), o movimento de mulheres negras no Brasil tem como linha de discurso a alegação de que as mulheres de classe média, predominantemente brancas, devem a sua emancipação dos afazeres da casa e a conquista de espaços no serviço público e privado, em grande parte, às empregadas domésticas, quase sempre negras, que assumiram essas tarefas. As mulheres brancas, liberadas do trabalho doméstico, ampliaram sua participação no mercado de trabalho. "Assim, as mudanças que beneficiaram as mulheres brancas teriam prejudicado outra categoria de mulheres, as negras, por ter ocorrido sem o acompanhamento de transformações radicais nos papéis de gênero."

Nesta pesquisa, o número reduzido de gerentes negras que aceitou participar das entrevistas impossibilitou a construção de comentários mais conclusivos sobre o efeito do gênero e da raça em suas trajetórias profissionais. Nestes casos, verificou-se a predominância da raça sobre o gênero nos aspectos centrais da trajetória profissional das entrevistadas, fato que reforça a importância dos estudos sobre as relações de gênero que consideram a variável cor como um elemento importante para a análise das assimetrias entre homens e mulheres no Brasil.

Mesmo com estas limitações, as informações aqui registradas desvendaram alguns elementos importantes para a compreensão da trajetória dos negros e negras que, transpondo os obstáculos sociais e raciais, conseguem ascender a postos de comando nas organizações públicas e privadas.

As barreiras transpostas pelos gestores entrevistados estavam relacionadas à posição social da família de origem (pobreza, número maior de filhos e escolaridade dos pais), à necessidade de inserção precoce no mercado de trabalho, à dificuldade de completar o ciclo de escolarização e à manifestação de preconceito percebida ao longo da vida. Ao vencerem essas barreiras, os entrevistados experimentaram a mobilidade inter e intrageracional. Motivados, principalmente, com o ideal de não reproduzir as dificuldades da infância e da juventude, todos eles avançaram em relação aos seus pais, seja no mercado de trabalho, seja no aporte educacional.

Se, no passado, a ascensão social dos negros era fruto do apadrinhamento e da afiliação de alguns a benfeitores brancos, hoje, esses elementos não estão mais presentes: o apoio da família de origem, a disposição individual para o trabalho e para a qualificação, a persistência frente às adversidades, a aceitação dos valores organizacionais e a forma de reação à discriminação parecem ser mais decisivos para o sucesso profissional.

As manifestações de preconceito racial de clientes e funcionários das empresas quase sempre estavam relacionadas à internalização, pelos brancos, de uma imagem negativa dos negros, principalmente acerca das competências e habilidades necessárias para o exercício de uma função gerencial. Essas reações explícitas ou sutis foram percebidas por quase todos os gestores. Para os entrevistados, superar as barreiras raciais não implicou adotar, na maioria das vezes, uma postura de enfrentamento, até porque o 'vencer', o 'chegar lá' se passa neste ambiente, que pode discriminar negros e outras minorias sociais. Foi com uma postura individual de regulação que os gestores trataram os episódios de racismo nos locais de trabalho. Em alguns poucos casos houve confronto, mas, na maioria, o que prevaleceu foi a não reação ou a desqualificação do episódio. Interferindo na reação dos gestores, a discriminação institucional que, por meio das manifestações encobertadas e por vezes aceitas informalmente (apelidos, piadas, comentários), reforça as distinções por raça e influencia as respostas dos discriminados. Há casos de discriminação velada, não dita, mas percebida, aquela que um dos entrevistados relatou de modo peculiar: "*o racismo está lá, eu posso sentir os olhares*"'. Essa talvez seja a mais eficiente, pois, como afirma Bento (2005), não tem como ser reconhecida ou questionada.

Importante considerar que a reação dos gestores é influenciada pelas características do papel exercido na empresa. O perfil gerencial requerido para a maioria dos líderes que assume postos de comando inclui habilidades comportamentais que visam garantir o equilíbrio das relações interpessoais, evitando o confronto entre os diversos grupos que compõem a organização do trabalho e zelando pela preservação da harmonia nas relações de trabalho. É desta forma que o gestor garante a produtividade dos empregados do seu setor. Internamente, seu comportamento é monitorado por todos: superiores, que acompanham seu desempenho na função; e subordinados, que passam a considerá-lo um exemplo de conduta.

Sobre as organizações, não se observa a existência de barreiras formais que poderiam impedir a contratação e a promoção de negros. Em apenas uma organização pública foram identificadas algumas iniciativas para a redução das desigualdades de gênero, por meio de um programa de diversidade organizacional em "fase de gestação". No entanto, tais iniciativas esbarram na barreira cultural implícita: a não aceitação da existência e das consequências do preconceito racial no ambiente de trabalho. Quando o entrevistado se viu envolvido em algum episódio de discriminação mais aberta, houve apoio da instituição para uma resposta individual, que preservasse a autoridade do gestor.

Em uma pesquisa realizada em sete empresas que adotavam programas de diversidade organizacional no Brasil, Fleury (2000) concluiu que as organizações iniciaram a implementação destes programas sem fazer referência explícita à desigualdade racial. A maior parte dos projetos se concentrou na redução das assimetrias de gênero, discutindo o acesso das mulheres aos postos de comando, sem, contudo, definir políticas específicas para isso. Os programas identificados incluem preceitos que valorizam a diversidade cultural para os resultados organizacionais e reforçam o ideal de igualdade de oportunidades para todos. A escolha pela redução das desigualdades de gênero se justifica, pois no Brasil é mais difícil encontrar negros com escolaridade e qualificação suficientes para ocuparem cargos mais elevados.

A diversidade é considerada pela maioria das organizações como uma ferramenta gerencial capaz de agregar matrizes de grupos diferentes, promover a criatividade, favorecer a inovação, aproximar a empresa dos seus clientes e aumentar a integração no ambiente interno. E, aqui, reside uma preocupação: ao ser incluído na temática da diversidade organizacional e ser tratado como uma ferramenta gerencial, o problema racial nas empresas pode acabar tendo o mesmo destino de outros modismos empresariais que, com o tempo, são desacreditados e abandonados. Foi assim quando as empresas resolveram investir em 'empreendedorismo social', 'reengenharia', 'círculos de qualidade', entre outros instrumentos de gestão (BARBOSA, 2001). Com a exposição desta temática na mídia e em encontros setoriais, abre-se um campo para consultores organizacionais mais interessados em vender suas propostas de trabalho que em promover um novo padrão de relacionamento interno.

Segundo Saraiva & Irigaray (2009), as empresas sustentam um discurso ambíguo sobre a diversidade. Em busca de legitimidade social, ao investir em práticas não discriminatórias, as organizações se habilitam a ser percebidas como mais socialmente responsáveis que aquelas que não adotam a mesma postura. No entanto, a execução efetiva de ações que tenham como objetivo a redução das assimetrias no espaço organizacional é limitada. As empresas lidam com seus empregados como se suas diferenças "pudessem desaparecer sob a formalidade das posições hierárquicas" (SARAIVA & IRIGARAY, 2009). Seria como se as pessoas pudessem separar seus interesses pessoais dos interesses profissionais. De um lado, a gestão da diversidade é considerada positiva, pois trata da influência das diferenças individuais no processo produtivo; de outro, pode ser questionável, pois enfraquece os laços sociais, cria distinções entre a mão de obra e favorece o surgimento de conflitos interpessoais.

A (auto)exclusão foi identificada como um fator que regula a forma de compreender e reagir ao preconceito racial, uma vez que se manifesta por meio de mecanismos internos de repressão, orientando as ações daqueles que são preteridos. Esses mecanismos podem atuar no sentido de indicar aos gestores negros que eles são indivíduos "fora do seu lugar". O ideal é que transpareça sua competência, sua capacidade e esforço e, não, o seu pertencimento racial. Para os brancos, a ideologia da democracia racial funciona como uma forma de disfarçar suas práticas discriminatórias. Os negros, principalmente aqueles que ascendem na estrutura social, são constrangidos a compartilhar a versão idealizada da ordem racial e sua aceitação pragmática pode resultar em uma forma menos dolorosa de lidar com o estigma relacionado à cor da sua pele. (HASENBALG, 2005) Aliás, o (auto)preconceito tem um papel importante na regulação das aspirações individuais. Como visto na pesquisa, a maioria dos entrevistados não tinha um projeto de carreira definido – usual entre os filhos de famílias de *status* social superior. Estes, geralmente, se espelham na profissão dos pais, tios ou avós para perpetuarem a vocação profissional do grupo familiar. Com acesso a recursos importantes e longe das barreiras raciais, estes indivíduos têm mais chances de concretizar seus objetivos e ascender socialmente. Para os entrevistados, as chances de ascensão foram acontecendo ao longo da trajetória, até mesmo sem muita expectativa de retorno.

Mesmo com a evidente desvantagem dos negros no acesso a postos de comando e à ascensão social, a maioria dos entrevistados não se mostrou interessada em nenhum tipo de mobilização política para combater essa situação. Pelo contrário, a maioria se colocou contra as políticas de ação afirmativa, por acreditar que elas desvalorizam todo o esforço realizado por alguns negros que conseguem chegar a cargos mais elevados em empresas. Conceder cotas seria, para eles, reconhecer que são incapazes de alcançar benefícios por conta própria. A maioria desconsidera que a baixa porcentagem de negros e negras em cargos de chefia, longe de representar uma exceção à regra, reforça a certeza de que a discriminação racial não está superada. A maioria desconhece que a discriminação, na verdade, tem dois lados: ao mesmo tempo em que exclui os membros do grupo discriminado, beneficia e facilita a vida dos discriminadores. (OSÓRIO, 2006)

Muitos avanços observados na última década ocorreram em função da efetividade e do bom gerenciamento de projetos e ações que buscaram a redução da pobreza e a melhoria da escolaridade de todos. No entanto, em função dos mecanismos discriminatórios que persistem na maioria das instituições, as políticas públicas de caráter mais amplo têm se revelado insuficientes para responder ao grau de desigualdade racial que se observa na sociedade brasileira. A justiça social somente será alcançada se, entre outros fatores, o País for capaz de criar políticas específicas voltadas para aqueles que acumulam desvantagens ao longo da vida.

Por tudo o que foi exposto até aqui, é necessário reafirmar a importância das políticas públicas com recorte racial, principalmente aquelas que podem favorecer a população negra no seu processo de ascensão profissional. Seja no âmbito da educação, da saúde ou do trabalho, o fortalecimento da temática racial na agenda governamental contribui para fortalecer projetos e ações nesta área.

Considera-se positiva, para a mobilidade ocupacional, a adoção de ações afirmativas por parte de empresas privadas, no sentido de favorecer a redução da discriminação aberta ou velada. Neste sentido, projetos sobre diversidade organizacional que sejam fruto de ações conjuntas podem ser particularmente importantes. Para isso, é preciso que as empresas, principalmente privadas, reconheçam o valor do trabalho de determinadas organizações não governamentais que já acumularam conhecimento e prática para lidar com as relações raciais sob um enfoque social, cultural e comportamental e, não, como instrumento gerencial. A diversidade não deve ser percebida como um negócio e, sim, uma ação necessária à promoção de condições igualitárias na empresa.

Uma convergência de iniciativas para reduzir as desigualdades raciais no mercado de trabalho parece estar se consolidando no Brasil. Ações importantes de ONGs de cunho racial, apoiadas pela iniciativa privada e por organismos internacionais; a reorganização do movimento negro e iniciativas governamentais estão evidenciando a necessidade de tratamento permanente das relações raciais.

De acordo com esta pesquisa, parece ser cada vez mais necessário que a Academia se abra para trabalhos que tratem as desigualdades de raça na esfera produtiva, numa perspectiva mais qualitativa, que permita aos atores sociais manifestar sua percepção sobre este fenômeno.

Do ponto de vista das relações, é necessário ouvir negros e brancos, homens e mulheres contrapondo visões, opiniões e perspectivas que possam contribuir para a redução sustentável das desigualdades raciais no mercado de trabalho do Brasil.

REFERÊNCIAS

ABREU, Alice Rangel de Paiva; JORGE, Angela Filgueiras & SORJ, Bila. Desigualdade de gênero e raça: o informal no Brasil em 1990. **Estudos Feministas**, Florianópolis, n. especial, p. 153-178, set. 1994.

ANDRADE, Flávia Cristina Drumond. Mobilidade social na Região Metropolitana de Belo Horizonte. **Nova Economia**, Belo Horizonte, v.5, n. esp., p.109-159, jan.1995.

ANDRADE, Flávia Cristina Drumond. Níveis e tendências da mobilidade social em cinco regiões metropolitanas. In: ASSOCIAÇÃO BRASILEIRA DE ESTUDOS POPULACIONAIS; ENCONTRO NACIONAL DE ESTUDOS POPULACIONAIS, 9, 1998. **Anais...**, Belo Horizonte. ABEP. Belo Horizonte: ABEP, 1998.

ANTUNES, Ricardo & ALVES, Giovanne. As mutações do mundo do trabalho na era da mundialização do capital. **Centro de Estudo Educação e Sociedade**, Campinas, v. 25, n. 87, maio/ago. 2004. Disponível em: <http://www.cedes.unicamp.br>. Acesso em: 21 out. 2010.

ARAÚJO, Luis César G. de. **Gestão de pessoas**: estratégias e integração organizacional. São Paulo: Atlas, 2006.

AZEVEDO, Thales. **As elites de cor numa cidade brasileira**: um estudo de ascensão social & classes sociais e grupos de prestígio. Salvador: EDUFBHA-EGBA, 1996.

AS CARACTERÍSTICAS do trabalho doméstico remunerado nos mercados de trabalho metropolitanos. **Boletim do Dieese,** São Paulo, mar. p.1-14, 2010.

A SITUAÇÃO do trabalho no Brasil. São Paulo: DIEESE, 2001. 352p

ASSOCIAÇÃO PROFISSIONALIZANTE DO MENOR. Disponível em:<http://www.assprom.com.br/>. Acesso em: 9 jun. 2012.

BAIRROS, L. **Mulher negra:** reforço da subordinação. Desigualdade racial no Brasil contemporâneo. Belo Horizonte: UFMG/Cedeplar, 1991.

BALANÇO dos oito anos do Governo Lula sobre as assimetrias de cor ou raça, parte2. **Tempo em Curso**, Rio de Janeiro, Ano 3, n. 3, mar. 2011. Disponível em: <www.laeser.ie.ufrj.br>. Acesso em: 30 ago. 2011

BARBOSA, Lívia. **A diversidade em seu devido lugar**. São Paulo, Ethos, 2001. Disponível em: www.ethos.org.br. Acesso em: 21 out. 2010.

BELTRÃO, Kaizo et al. **Mercado de trabalho urbano**: clivagens raciais na década de 1990. Texto para discussão. Rio de Janeiro: IPEA – Instituto de Pesquisas Econômicas Aplicadas, 2003.

BENTO, Maria Aparecida Silva. Raça e gênero no mercado de trabalho. In: ROCHA, Maria Izabel Baltar. **Trabalho e gênero**: mudanças, permanências e desafios. São Paulo: Editora 34, 2000. p. 295-304

BENTO, Maria Aparecida Silva. Branquitude e poder: a questão das cotas para negros. In: SALES, Augusto dos Santos (Org.). **Ações afirmativas e combate ao racismo nas Américas**. Brasília: Ministério da Educação, Secretaria de Educação Continuada, Alfabetização e diversidade, 2005. p. 165-177. (Coleção Educação para todos)

BENTO, Maria Aparecida Silva. Branqueamento e branquitude no Brasi. In: CARONE, Iracy; BENTO, Maria Aparecida Silva (Org.). **Psicologia social do racismo**: estudos sobre a branquitude e branqueamento no Brasil. 2. Ed. Petrópolis: Editora Vozes, 2003. p. 25-55.

BENTO, Maria Aparecida Silva. **Pactos narcísicos no racismo**: branquitude e poder nas organizações empresariais e no poder público. 2002. 178f. Tese (Doutorado) – Universidade de São Paulo, Instituto de Psicologia.

BERNARDES, Cyro. **Teoria geral das organizações**: os fundamentos da Administração integrada. São Paulo: Atlas, 1991.

BERQUO, Elza Salvatori. **Nupcialidade da população negra no Brasil**. Campinas: Universidade Estadual de Campinas, Núcleo de Estudos de População, 1987. 131p. (Textos NEPO;11).

BOURDIEU, Pierre. **A distinção**: crítica social do julgamento. São Paulo: Edusp, 2008.

BRASIL. Presidência da República. Casa Civil. Subchefia para Assuntos Jurídicos. Lei nº 12.288, de 20 de julho de 2010: Institui o Estatuto da Igualdade Racial; altera as Leis nos 7.716, de 5 de janeiro de 1989, 9.029, de 13 de abril de 1995, 7.347, de 24 de julho de 1985, e 10.778, de 24 de novembro de 2003. **Diário Oficial da União**, Brasília, 21 jul. 2012. Disponível em: <http://www.planalto.gov.br/ccivil_03/_ Ato2007-2010/2010/Lei/L12288.htm> Acesso em: 29 mar. 2012.

BRESSIANI, Nathalie. Redistribuição e reconhecimento: Nancy Fraser entre Jürgen Habermas e Axel Honneth. **Cadernos Centro de Recursos Humanos**, Salvador, v. 24, n. 62, p, 331-352, 2011.

BRUSCHINI, Cristina; RICOLDI, Arlene & MERCADO, Cristiano. Trabalho e gênero no Brasil até 2005: uma comparação regional. In: COSTA, Albertina; SORJ, Bila; BRUSCHINI, Cristina & HIRATA, Helena (Org.). **Mercado de trabalho e gênero**: comparações internacionais. Rio de Janeiro: FVG, 2008. p. 15-34.

BUTLER, Judith. **Problemas de gênero**: feminismo e subversão da identidade. Trad. Renato Aguiar. Rio de Janeiro: Civilização Brasileira, 2003.

CARDOSO, Marcos Antônio. **O movimento negro em Belo Horizonte**: de 1978 a 1998. Belo Horizonte: Mazza, 2002.

CARNEIRO, Sueli. **Racismo, sexismo e desigualdade no Brasil**. São Paulo: Selo Negro, 2011.

CENTRO DE DESENVOLVIMENTO E PLANEJAMENTO REGIONAL. Disponível em: www.cedeplar.org.br>. Acesso em: 10 jun. 2011.

CENTRO SALESIANO DO MENOR. Disponível em: < www.salesianos.org >. Acesso em: 10 jun. 2011.

CHANLAT, Jean-François. Quais carreiras e para qual sociedade? **Revista de Administração de Empresas**, São Paulo, v. 35, n. 6, p. 67-75, 1995.

COURA, Claudinéia Aparecida Pereira. **Juventude e segregação urbana em Belo Horizonte**: um estudo de trajetórias e representações sociais no Conjunto Taquaril. 2009. 142f. Dissertação (Mestrado em Ciências Sociais) – Pontifícia Universidade Católica de Minas Gerais, Programa de Pós-Graduação em Ciências Sociais, Belo Horizonte.

CYRINO, Rafaela. **A construção social da temporalidade e a articulação entre trabalho doméstico e assalariado**: o caso das mulheres executivas. 2010. 307f. Tese (Doutorado) – Faculdade de Filosofia e Ciências Humanas, Universidade Federal de Minas Gerais, Belo Horizonte.

DANTAS, Iuri. Salários de negros são 50% mais baixos. **Folha de S.Paulo**, São Paulo, 13 maio 2003. Caderno Cotidiano, p. 1.

DIMENSÕES estruturais das assimetrias de cor ou raça e de gênero e impactos da crise. **Tempo em Curso**, Rio de Janeiro, Ano 1, n. 1, nov. 2009. Disponível em: <www.laeser.ie.ufrj.br>. Acesso em: 30 ago. 2011.

DRUCK, Graça & FRANCO, Tânia. **A perda da razão do trabalho**. São Paulo: Boitempo Editorial, 2007.

DRUCK, Graça & BORGES, Ângela. Terceirização: balanço de uma década. **Centro de Recursos Humanos**. Salvador, n. 37, p. 111-139, jul./dez. 2002.

DUARTE, Rosália. Pesquisa qualitativa: reflexões sobre o trabalho de campo. **Cadernos de Pesquisa**, Rio de Janeiro, n.115, p. 139-154, mar. 2002.

DUPAS, Gilberto. Impactos sociais e econômicos das novas tecnologias de informação. In: SIMPÓSIO INTERNACIONAL: IMPACTOS DAS NOVAS TECNOLOGIAS DE INFORMAÇÃO, UNIVERSIDADE E SOCIEDADE, 1999, São Paulo. **Anais...**, São Paulo: 1999. Disponível em: < http://www.ime.usp.br/~cesar/simposio99/Dupas.htm > Acesso em: 8 jun. 2012.

EDUCAFRO. Disponível em: <2012www.educafro.org.br> Acesso em: 12 jun. 2012.

FERNANDES, Florestan. **A integração do negro na sociedade de classes**. São Paulo: Editora Ática, 1965.

FIGUEIREDO, Ângela. **Novas elites de cor**: estudo sobre os profissionais liberais negros de Salvador. São Paulo: Annablume, 2002.

FLEURY, Maria Tereza Leme. Gerenciando a diversidade cultural: experiências de empresas brasileiras. **Revista de Administração de Empresas**, São Paulo, v. 40, n. 3, p. 18-25, jul./set. 2000.

FREYRE, Gilberto. **Casa grande & senzala**: formação da família brasileira sob o regime da economia patriarcal. 16. ed. Rio de Janeiro: José Olympio, 1973.

_______. **Sobrados e mocambos**: decadência do patriarcado rural e formação do urbano. 12. ed. Rio de Janeiro: Record, 2000.

FRASER, Nancy. **Reconhecimento sem ética?** Lua Nova, São Paulo, p.101-138, 2007.

FRY, Peter. **A persistência da raça**: ensaios antropológicos sobre o Brasil e a África austral. Rio de Janeiro: Civilização Brasileira, 2005.

FUNDAÇÃO JOÃO PINHEIRO. **Mapa do mercado de trabalho da região metropolitana de Belo Horizonte**: evolução da ocupação, do desemprego e da renda, por macro unidades espaciais. Belo Horizonte: Fundação João Pinheiro. Disponível em: <www.fjp.org.br>.Acesso em: 01 set. 2010.

GARCIA, Vinicius Gaspar. **Questões de raça e gênero na desigualdade social brasileira recente**. 2005. 197f. Dissertação (Mestrado em Desenvolvimento Econômico) – Instituto de Economia, UNICAMP, Campinas.

GOFFMAN, Erving. **Estigma**: notas sobre a manipulação da identidade deteriorada. Trad. Márcia Bandeira de Mello Leite Nunes. Rio de Janeiro: LTC, 1963.

GOMES, Nilma Lino. Ações afirmativas: dois projetos voltados para a juventude negra. In: SILVA, Petronilha Beatriz Gonçalves & SILVÉRIO, Valter Roberto (Org.). **Educação e ações afirmativa :** entre a injustiça simbólica e a injustiça econômica. Brasília: Instituto Nacional de Estudos e Pesquisas Educacionais Anísio Teixeira, 2003. 270 p. p. 217-243.

GUIMARÃES, Antônio Sérgio Alfredo. **Racismo e anti-racismo no Brasil**. São Paulo: Editora 34, 1999.

GUIMARÃES, Antônio Sérgio Alfredo. **Classes, raças e democracia**. São Paulo: Editora 34, 2002.

GUIMARÃES, Antônio Sérgio Alfredo. **O insulto racial:** as ofensas registradas em queixas de discriminação. Estudos afro-asiáticos, Rio de Janeiro, n. 38, p. 31-48, 2000.

GUIMARÃES, Antônio Sérgio Alfredo. **Racismo e anti-racismo no Brasil**. 2. ed. São Paulo: Fundação de Apoio à Universidade de São Paulo, Ed. 34, 2005.

HASENBALG, Carlos. **Discriminação e desigualdade raciais no Brasil**. 2. ed. Belo Horizonte: Editora UFMG, 2005.

HASENBALG, Carlos A. O negro no Rio de Janeiro: revisitando o projeto UNESCO. In: HASENBALG, Carlos A; SILVA, Nelson do Valle & LIMA, Marcia. (Org). **Cor e estratificação social.** Rio de Janeiro: Contra Capa Liv., 1999**.** p. 60-85.

HELOANI, José Roberto. **Organização do trabalho e Administração**: uma visão mutidisciplinar. São Paulo: Cortez Editora, 1994.

HENRIQUE, Wilnês. **O capitalismo selvagem**: um estudo sobre desigualdade no Brasil. 1999. 193f. Tese (Doutorado) – Universidade de Campinas (UNICAMP), Instituto de Economia.

HIRATA, Helena. **Sobre o modelo japonês**: automatização, novas formas de organização e de relações de trabalho. São Paulo: EDUSP, 1993.

HIRATA, Helena. **Nova divisão sexual do trabalho**: um olhar voltado para a empresa e a sociedade. São Paulo: Boitempo, 2002.

IANNI, Octávio. **A metamorfose da etnia em raça**. Pro-Posições, Campinas, SP, v.15, n.1 , p. 219-226, jan./abr.2004.

INSTITUTO BRASILEIRO DE GEOGRAFIA E ESTATÍSTICA. **Resultados preliminares do censo de 2010**. Disponível em: <www.ibge.gov.br>. Acesso em: 29 out. 2011.

INSTITUTO BRASILEIRO DE GEOGRAFIA E ESTATÍSTICA. Pesquisa Nacional por Amostra de Domicílios: **síntese de indicadores 2009.** Disponível em: <http://www.ibge.gov.br/home/estatistica/populacao/ trabalho e rendimento/pnad2009/pnad_sintese_2009.pdf>.Acesso em: 20 jan.2010.

INSTITUTO BRASILEIRO DE GEOGRAFIA E ESTATÍSTICA. Pesquisa Nacional por Amostra de Domicílios: **síntese de Indicadores 1999**. Disponível em: < http://www.ibge.gov.br/home/estatistica/populacao/trabalhoerendimento/pnad99/sintese/tabela.shtm>. Acesso em: 20 jan.2010.

INSTITUTO ETHOS. **Perfil social, racial e de gênero das 500 maiores empresas do Brasil e suas ações afirmativas**. São Paulo: Instituto Ethos, 2010. Disponível em: <www.ethos.org.br>. Acesso em: 20 fev. 2011.

JANNUZZI, Paulo de Martino. **Indicadores sociais no Brasil**: conceitos, fontes de dados e aplicações. Campinas: Editora Alínea, 2001.

JANNUZZI, Paulo de Martino. **Mobilidade social no Brasil no contexto da reestruturação produtiva**. In: CONGRESSO DA ASSOCIAÇÃO LATINO AMERICANA DE POPULAÇÃO, 1, 2004, Caxambú, MG. Anais..., Caxambú, MG: ALAP, 2004.

KAMEL, Ali. **Não somos racistas**: uma reação aos que querem nos transformar numa nação bicolor. Rio de Janeiro: Nova Fronteira, 2006.

KERGOAT, Daniele. Em defesa de uma sociologia das relações sociais. In: KARTCHEVSKY- BULPORT, A. et al. **O sexo do trabalho**. Rio de Janeiro: Paz e Terra, 1986. p. 79-93.

KILIMNIK, Zélia Miranda. **Trajetórias e transições de carreiras profissionais em recursos humanos**. 2000. 242f. Tese (Doutorado) – Universidade Federal de Minas Gerais,Centro de Pesquisa e Pós-Graduação em Administração, Faculdade de Ciências Econômicas.

KUMAR, K. **Da sociedade pós-industrial à pós-moderna**. Rio de Janeiro: Jorge Zahar, 1995.

LAVINAS, Lena. **Pobreza e exclusão:** traduções regionais de duas categorias da prática. Econômica, Rio de Janeiro, v. 4, n. 1, p. 25-59, jun. 2002.

LEMOS, Ana Heloisa; DUBEUX, Veranise & SOARES PINTO, Mario Couto. Educação, empregabilidade e mobilidade social: convergências e divergências. **Cadernos Escola Brasileira de Administração Pública e de Empresas**, Rio de Janeiro, v. 7, n. 2, p. 371-384, 2009.

LEONE, Eugênia Troncoso. **Renda familiar e trabalho da mulher na Região Metropolitana de São Paulo, nos anos 80 e 90**. Campinas: Instituto de Economia. 1999.

(Texto para discussão).

LIMA, Márcia. Desigualdades raciais e políticas públicas: ações afirmativas no governo Lula. **Novos Estudos Cebrap,** São Paulo, n. 87, jul., p. 77-95, 2010.

LONGO, Luciene Aparecida Ferreira de Barros. **Uniões intra e inter-raciais, status marital, escolaridade e religião no Brasil**: um estudo sobre a seletividade marital feminina, 1980-2000. 2011. 298f. Tese (Doutorado) – Universidade Federal de Minas Gerais, Centro de Desenvolvimento e Planejamento Regional.

LUCENA, Maria Diva da Salete. **Planejamento de Recursos Humanos**. São Paulo: Atlas, 1995.

MARTINS, André Ricardo Nunes. Racismo e imprensa – argumentação no discurso sobre as cotas para negros na universidade. In: SANTOS, Augusto Sales dos (Org.). **Ações afirmativas e combate ao racismo nas Américas**. Brasília: Ministério da Educação, 2005. p. 179-208.

MATTOS, Patrícia. **O reconhecimento, entre a justiça e a identidade.** Lua Nova, São Paulo, n. 63, p. 144-161, 2004.

MAY, Tim. **Pesquisa social**: questões, métodos e processos. 3. ed. Porto Alegre: Artmed, 2004.

MEDEIROS, Carlos Alberto. Ação Afirmativa no Brasil: um debate em curso. In: SANTOS, Augusto Sales dos (Org.). **Ações afirmativas e combate ao racismo nas Américas**. Brasília: Ministério da Educação, 2005. p. 121-140.

MEIRELLES, Ricardo. **Desigualdade racial fica intacta há 25 anos**. Brasília, 2005. Disponível em <www.pund.org.br>. Acesso em: 20 out. 2011.

MERCADO de trabalho brasileiro: evolução recente e desafios. São Bernardo do Campo:DIEESE, 2010. p. 1-2. (Nota à imprensa).

MORAES NETO, Benedito Rodrigues. **Marx, Taylor e Ford**: as forças produtivas em discussão. São Paulo: Editora Brasiliense, 1989.

MOSER, Anita. **A nova submissão**: mulheres da zona rural no progresso do trabalho industrial. Porto Alegre: Edipaz, 1984.

MOTTA, Paulo Roberto. **Gestão contemporânea**: a ciência e a arte de ser dirigente. 2. ed. Rio de Janeiro: Record, 1991.

MULHER negra: dupla discriminação nos mercados de trabalho metropolitanos. **Boletim do Dieese,** ed. especial, São Paulo, 2004. Disponível em: <www.dieese.org.br>. Acesso em: 20 out. 2011.

MUNANGA, Kabengele. **Rediscutindo a mestiçagem no Brasil**: identidade nacional *versus* identidade negra. Petrópolis: Vozes, 1999.

MUNANGA, Kabengele. Políticas de ação afirmativa em benefício da população negra no Brasil: um ponto de vista em defesa das cotas. In: SILVA, Petronilha Beatriz Gonçalves e & SILVÉRIO, Valter Roberto (Org.). **Educação e ações afirmativas:** entre a injustiça simbólica e a injustiça econômica. Brasília: Instituto Nacional de Estudos e Pesquisas Educacionais Anísio Teixeira, 2003. p. 117-128.

NEVES, Magda. Magda de Almeida. Reestruturação produtiva, qualificação e relações de gênero. In: ROCHA, Maria Isabel Baltazar (Org.). **Trabalho e gênero**: mudanças, permanências e desafios. São Paulo: Editora 34, 2000. p. 171-185.

NEVES, Paulo Sérgio da Costa. Luta anti-racista: entre o reconhecimento e redistribuição. **Revista brasileira de Ciências Sociais**, São Paulo, v. 20, n. 59, p. 81-96, 2005.

NUNES, Sylvia da Silveira. **Racismo contra os negros**: um estudo sobre o preconceito sutil. 2010. 227f. Tese (Doutorado) Universidade de São Paulo, – Instituto de Psicologia.

OLIVEIRA, Lúcia & COSTA, Tereza. **O lugar do negro na força de trabalho**. Rio de Janeiro: IBGE, 1981.

OLIVEIRA, Nélio. **Organizações automatizadas**: desenvolvimento e estrutura da empresa moderna. Rio de Janeiro: LTC EDITORA, 2007.

ORGANIZAÇÃO DAS NAÇÕES UNIDAS – MULHERES. **Entidade das nações unidas para a igualdade de gênero e empoderamento das mulheres**. Disponível em: <www.unifem.org.br>. Acesso em: 15 dez. 2011.

OSÓRIO, Rafael Guerreiro. **A mobilidade social dos negros brasileiros**. Brasília: Instituto de Pesquisa Econômica Aplicada. 2004. p. 1-24. (Texto para discussão ; n. 1033). Disponível em: <www.ipea.gov.br>. Acesso em: 21 maio 2009.

OSÓRIO, Rafael Guerreiro. Desigualdade racial e mobilidade social no Brasil: um balanço de teorias. In: JACCOUD, Luciana; OSÓRIO, Rafael Guerreiro & SOARES, Sergei (Coord.). **As políticas públicas e a desigualdade racial no Brasil 120 anos após a abolição**. Brasília, IPEA, 2008. p. 69-100.

OSÓRIO, Rafael Guerreiro. Houve alguma mobilidade social para não-brancos no Brasil? Internacional Centro de Pobreza. **One Pager**. Brasília, n. 27, jan. 2007. Disponível em: <www.undp-povertycentre.org>. Acesso em: 20 ago. 2009.

OSÓRIO, Rafael Guerreiro. **Desigualdades raciais e de gênero no serviço público civil.** Brasília: Secretaria Internacional do Trabalho, 2006. (Cadernos GRPE; n.2).

PACHECO, Ana Claudia Lemos. Raça, gênero e relações sexual-afetivas na produção bibliográfica das Ciências Sociais brasileiras. **Estudos Afro-Ásia**, Salvador, n.34, 2006, p. 153-188.

PAGES, Max. **O poder das organizações**. São Paulo: Atlas, 1990.

PAIM, Paulo. **Projeto de Lei do Senado, nº 213 de 2003:** Institui o estatuto da igualdade racial. Data reapresentação, 16 jun.2010. Disponível em: < http://www.senado.gov.br/atividade/materia/detalhes.asp?p_cod_mate=97484> Acesso em: 8 jun. 2012.

PAIXÃO, Marcelo; ROSSETO, Irene; MONTOVANELE, Fabiana & CARVANO, Luiz. **Relatório anual das desigualdades raciais – 2009 e 2010**, Rio de Janeiro, LAESER, 2011.

PASTORE, José. **Desigualdade e mobilidade social no Brasil**. São Paulo: T.A. Queiroz, 1979.

PASTORE, José; & SILVA, Nelson do Valle. **Mobilidade social no Brasil**. São Paulo: Mkron, 2000.

PINTO, Luiz de Aguiar Costa. **O negro no Rio de Janeiro:** Relações de raça numa sociedade em mudança. São Paulo: Companhia Editora Nacional, 1953. 355p. (Brasiliana. 5ª série. Biblioteca Pedagógica Brasileira; 276).

PINTO, Celi Regina Jardim. Nota sobre a controvérsia Fraser-Honneth informada pelo cenário brasileiro. **Revista Lua Nova**, São Paulo, n. 74, p. 35-58, 2008.

PORTER, Michael. **Estratégia competitiva**: técnicas para análise de indústrias e da concorrência. 5. ed. Rio de Janeiro: Ed. Campus, 1991.

POCHMANN, Márcio. A volta da mobilidade social. **Folha de S.Paulo**, São Paulo, 18 nov. 2009. Coluna Tendências/debates. Disponível em: <http://www1.folha.uol.com.br/fsp/opiniao/fz1812200908.htm>. Acesso em: 30 jul. 2011.

PORTER, Michael. **Estratégia competitiva**: técnicas para análise de indústrias e da concorrência. 5. ed. Rio de Janeiro: Ed. Campus, 1991.

PROGRAMA DAS NAÇÕES UNIDAS PARA O DESENVOLVIMENTO. **Desigualdade entre negros e brancos cai na educação, mas com pouco impacto na renda**. Brasília, 05 abr. 2010. Disponível em: <www.pnud.org.br>. Acesso em: 25 nov. 2011.

REMY, Maria Alice; QUEIROZ, Silvana Nunes & SILVA FILHO, Luis Abel. Evolução recente do emprego formal no Brasil: 2000-2008. Campinas, 2010. Disponível em <http://www. abep.nepo.unicamp.>Acesso em: 25 nov. 2011.

RIBEIRO, Carlos Antônio Costa. Classe, raça e mobilidade social no Brasil. **Dados: Revista de Ciências Sociais,** Rio de Janeiro, v. 49, n. 4, p. 1-41, 2006.

RODRIGUES, Aracy Martins. Lugar e imagem da mulher na indústria. In: COSTA, Albertina de Oliveira & BRUSCHINI, Cristina. **Uma questão de gênero**. Rio de Janeiro: Editora Rosa dos Tempos, 1992. p. 266-288.

RODRIGUES, Fernando. Racismo cordial. In: TURRA, Cleusa & VENTURI, Gustavo (Orgs.). **Racismo cordial**: a mais completa análise sobre o preconceito de cor no Brasil. São Paulo: Editora Ática, 1995, p. 11-56.

RUAS, Roberto; ANTUNES, José Antônio & ROESE, Mauro. Avanços e impasses do modelo japonês no Brasil: observações acerca de casos empíricos. In: HIRATA, Helena (Org.). **Sobre o modelo japonês de gestão**. São Paulo: EDUSP, 1993. p.103-122.

RUAS, Roberto. **Efeitos da modernização sobre o processo de trabalho**: condições objetivas de controle na indústria de calçados. Porto Alegre: Fundação de Economia e Estatística, 1985. p. 103-122.

SAFFIOTI, Heleieth. Rearticulando gênero e classe social. In: COSTA, Albertina de Oliveira; BRUSCHINI, Cristina. (Org.). **Uma questão de gênero**. Rio de Janeiro: Rosa dos Tempos, 1992. p. 183-215.

SAFFIOTI, Heleieth. **Gênero, patriarcado e violência**. São Paulo: Fundação Perseu Abramo, 2004.

SANSONE, Lívio. Cor, classe e modernidade em duas áreas da Bahia. **Estudos Afro--Asiáticos**, Rio de Janeiro, n. 23, p. 143-175, 1993.

SANTANA, Patrícia. **Professores negros**: trajetórias e travessias. Belo Horizonte: Mazza, 2004.

SANTOS, Augusto Sales dos. **Movimentos negros, educação e ação afirmativa**. 2007. 554f. Tese (Doutorado) – Departamento de Sociologia, Universidade de Brasília, Brasília.

SANTOS, Joel Rufino. O negro como lugar. In: MAIO, Marcos & SANTOS, Ricardo. **Raça, ciência e sociedade**. Rio de Janeiro: Editora Fiocruz, 1995.

SANTOS, Hélio. Discriminação racial no Brasil. In: SEMINÁRIOS REGIONAIS PREPARATÓRIOS PARA A CONFERÊNCIA MUNDIAL CONTRA O RACISMO, DISCRIMINAÇÃO RACIAL, XENOFOBIA E INTOLERÂNCIA, 2001, Brasília. **Anais**..., Brasília, DF: Ministério da Justiça, Secretaria de Estado dos Direitos Humanos, 2001. 476p. p. 81-102.

SARAIVA, Luiz Alex Silva & IRIGARAY, Hélio Arthur dos Reis. Políticas de diversidade nas organizações: uma questão de discurso? São Paulo, **Revista de Administração de Empresas**, n.3, v. 49, p. 337-348, jul/set 2009

SCALON, Maria Celi. **Mobilidade social no Brasil**: padrões e tendências. Rio de Janeiro: Revan, IUPERJ, 1999.

SCHULTZ, Theodore. **O valor econômico da educação**. Rio de Janeiro: Zahar, 1967.

SCHWARCZ, Lilia Moritz. **Racismo no Brasil**. São Paulo: Publifolha, 2001.

SCOTT, Joan. Gênero: uma categoria útil de análise histórica. **Educação e Realidade**, Porto Alegre, v. 20, n. 2, p. 71-99, jul.-dez. 1995.

SERVIÇO DE APOIO ÀS MICROS E PEQUENAS EMPRESAS, Critérios e conceitos para classificação de empresas. Disponível em: <http://www.sebrae.com.br/uf/goias/ indicadoresdas- mpe/classificacao-empresarial> Acesso em: 10 jun. 2012.

SILVA, Denise Ferreira; SILVA, Márcia Lima. **Raça, gênero e mercado de trabalho.** Estudos Afro-Asiáticos, Rio de Janeiro, n. 23, dez., p. 97-111, 1992.

SILVA, Márcia Regina de Lima. **Serviço de branco, serviço de preto**: um estudo sobre cor e trabalho no Brasil urbano. 2001. 296f. Tese (Doutorado) – Instituto de Filosofia e Ciências Sociais – Programa de Pós-Graduação em Sociologia e Antropologia, Universidade Federal do Rio de Janeiro.

SILVA, Nelson do Valle. Distância social e casamento inter-racial no Brasil. **Estudos Afro-Asiáticos**, Rio de Janeiro, n. 14, p. 54-83, 1987.

SILVÉRIO, Valter Roberto. Ações afirmativas e diversidade étnica e racial. In: SALES, Augusto dos Santos (Org.). **Ações afirmativas e combate ao racismo nas Américas**. Brasília: Ministério da Educação, Secretaria de Educação Continuada, Alfabetização e Diversidade, 2005. p. 141-164. (Coleção Educação para todos)

SOARES, Sergei; FONTOURA, Natália & PINHEIRO, Luana. **Tendências recentes na escolaridade e no rendimento de negros e de brancos**. Brasília: IPEA, 2009. Disponível em: <www.ipea.gov.br>. Acesso em: 25 nov. 2011.

SORJ, Bila. O feminismo na encruzilhada da modernidade e pós-modernidade. In: COSTA, Albertina de Oliveira; BRUSCHINI, Cristina (Coord.). **Uma questão de gênero**. São Paulo: Rosa dos Tempos, 1992. p. 15-23.

SOUZA, Andréa Alcione. **A vivência feminina das relações de trabalho**: um estudo sobre as operárias do setor de calçados. 1993. 174f. Dissertação (Mestrado em Administração) – Centro de Pós-Graduação e Pesquisa em Administração – CEPEAD, Universidade Federal de Minas Gerais, Belo Horizonte.

SOUZA, Andréa Alcione & TEODÓSIO, Armindo dos Santos Sousa. A inserção do afrodescendente no mercado de trabalho brasileiro: desafios e dilemas para a construção de políticas étnicas nas organizações. *In*: ASHLEY, Patrícia Almeida (Coord.). **Ética e responsabilidade social nos negócios**. 2. ed. São Paulo: Saraiva, 2005. p. 232-244.

SOUZA-LOBO, Elizabeth; HUMPHREY, John & MOYSES, Rosa. A prática invisível das operárias. In: KARTCHEVSKY-BULPORT, A. et al. **O sexo do trabalho**. Rio de Janeiro: Paz e Terra, 1986. p. 131-144.

SPINDEL, Cheywa. O uso do trabalho da mulher na indústria do vestuário. In: COSTA, Albertina de Oliveira & BARROSO, Carmem (Coord.). **Mulher, mulheres**. São Paulo: Cortês, 1983. p. 89-113.

TAXA de desemprego registra redução pelo quinto mês consecutivo. **Boletim Pesquisa de Emprego e Desemprego na Região Metropolitana de Belo Horizonte**, Belo Horizonte, ano 17, n. 10, out. 2011. Disponível em: <www.dieese.org.br>. Acesso em: 25 nov. 2011.

TEIXEIRA, Moema de Poli. **Negros em ascensão social**: trajetórias de alunos e professores universitários no Rio de Janeiro. 1998. 331f. Tese (Doutorado) – Museu Nacional, Rio de Janeiro.

TEIXEIRA, Marcelo Gouvea. **Gerentes e novas estratégias de gestão**: um estudo de caso sobre as transformações no campo gerencial. 1995. 161f. Dissertação (Mestrado em Administração) – Centro de Pós-Graduação e Pesquisa em Administração – CEPEAD, Universidade Federal de Minas Gerais, Belo Horizonte.

TELLES, Edward. **Racismo à brasileira**: uma nova perspectiva sociológica. Rio de Janeiro: Relume Dumará: Fundação Ford, 2003.

TRABALHO no Comércio. **Boletim do Dieese,** São Paulo, ano 1, n. 1, set. 2008. Disponível em: <www.dieese.org.br>. Acesso em: 22 nov. 2011.

VIEIRA, Andréa Lopes da Costa. Políticas de educação, educação como política: observações sobre a ação afirmativa como estratégia política. In: GONÇALVES, Petronilha & SILVÉRIO, Valter Roberto (Org.). **Educação e ações afirmativas**: entre a injustiça simbólica e a injustiça econômica. Brasília: INEP, 2003. p. 81-98.

ANEXOS

A REGIÃO METROPOLITANA DE BELO HORIZONTE

A Região Metropolitana de Belo Horizonte (RMBH) foi criada em junho de 1973, por meio da Lei Complementar Federal nº 14, com o objetivo de integrar serviços comuns de interesse metropolitano. No início, era composta por 14 municípios. Em 1995, a Lei Estadual nº 12.030 determinou que todos os municípios antecipados de outras cidades da região seriam automaticamente inseridos na RMBH. Atualmente, 34 municípios, abrangendo uma área de 9.179 Km^2 e aproximadamente 4,8 milhões de pessoas integram a Região Metropolitana de Belo Horizonte: Baldim, Belo Horizonte, Betim, Brumadinho, Caeté, Capim Branco, Confins, Contagem, Esmeraldas, Florestal, Ibirité, Igarapé, Itaguara, Itatiaiuçu, Jaboticatubas, Juatuba, Lagoa Santa, Mário Campos, Mateus Leme, Matozinhos, Nova Lima, Nova União, Pedro Leopoldo, Raposos, Ribeirão das Neves, Rio Acima, Rio Manso, Sabará, Santa Luzia, São Joaquim de Bicas, São José da Lapa, Sarzedo, Taquaraçu de Minas e Vespasiano. Em termos demográficos, a RMBH é a 3ª maior do País, a 7ª maior da America Latina e 48ª do mundo. Em termos econômicos se destacam os setores de comércio e serviços, concentrados em Belo Horizonte. A Região é um importante polo industrial, abrigando indústrias dos ramos petroquímico, alimentício, metalúrgico e automobolístico. A RMBH é considerada um centro de excelência nas áreas de biotecnologia e de *softwares* e se destaca pela importância dos serviços produtivos no emprego urbano.

COMPOSIÇÃO DOS GRUPAMENTOS DE ATIVIDADE DA PNAD

1. Agrícola: agricultura, pecuária, silvicultura, exploração florestal, pesca, agricultura e atividades dos serviços relacionados com estas atividades.

2. Indústria de transformação.

3. Construção civil.

4. Outras atividades industriais: indústria extrativa (carvão mineral, petróleo, gás natural, minerais); Produção e distribuição de energia e gás; Captação, tratamento e distribuição de água.

5. Comércio: comércio em geral e reparação de veículos automotores e motocicletas; Comércio a varejo de combustíveis; Comércio a varejo e por atacado e reparação de objetos pessoais e domésticos.

6. Alojamento e alimentação: serviços de alojamento e hotelaria; ambulantes de alimentação e outros serviços de alimentação (restaurante, cantina, bar, café, serviços de preparação e fornecimento de refeições, entre outros).

7. Transporte, armazenagem e comunicação: transporte terrestre, aquaviário e aéreo; Atividades anexas e auxiliares do transporte e agências de viagem; Correios e Telecomunicações.

8. Administração Pública: administração do Estado e da política econômica e social (órgãos dos poderes Executivos e Legislativos, incluindo fundações, agências reguladoras e institutos de pesquisas); Forças Armadas; Seguridade Social; Outros serviços coletivos prestados pela AP (órgãos do poder judiciário e da polícia).

9. Educação, saúde e serviços sociais: educação regular pública ou privada e outros serviços de educação; saúde pública e particular, serviços veterinários e outros serviços de saúde; assistência social prestada em asilos, centros de orientação, casas de repouso, creches, entre outros.

10. Outros serviços coletivos, pessoais e sociais: limpeza urbana e esgoto, e atividades conexas; Atividades associativas; Atividades recreativas, culturais e desportivas; Serviços pessoais como lavanderias, cabeleireiros, atividades funerárias e atividades de manutenção do físico corporal, entre outras.

11. Serviços domésticos: serviços de acompanhante, babá, faxina, limpeza, passadeira, lavadeira, cozinheira, motorista, prestados em domicílio particular, casa de campo, veraneio e outros.

12. Outras atividades: intermediação financeira; Seguros e previdência privada; Atividades auxiliares da intermediação financeira; Aluguel de veículos, máquinas e equipamentos sem condutores ou operadores e de objetos pessoais e domésticos; Atividades imobiliárias; Atividades de informática e conexas; Pesquisa e desenvolvimento das Ciências Sociais e Humanas; Atividades prestadas principalmente a empresas (Atividades jurídicas; de contabilidade; e de pesquisas de mercado e opinião pública; atividades de assessoria; serviços de arquitetura e engenharia; publicidade; seleção de mão de obra; Atividades de imunização, higienização e de limpeza em prédios e em domicílios); Organismos internacionais e outras instituições extraterritoriais.

13. População em cargos de chefia: foi considerada ocupada em cargo de chefia a pessoa que empregava pelo menos um empregado em empreendimento que tinha na semana de referência (exceto na produção para o próprio consumo ou construção para o próprio uso) ou que tinha a classificação da ocupação como "chefe", "diretor" ou "gerente", além de chefes de estado, legisladores e membros superiores do Judiciário. Não foram incluídos os membros superiores das Forças Armadas, que não podem ser identificados, pela PNAD, separadamente dos demais membros.

Este livro foi composto em tipologia Arno Pro e
impresso em papel Offset 75g/m² (miolo) e Cartão
250g/m² (capa), no mês de novembro de
dois mil e quatorze.